Frank Landsbergen

DAS DICKE BUCH DER ALPHABETE

impian

Inhalt

TEIL 1 **VOM STIERKOPF ZUM ALPHABET** 13

Eine großartige Erfindung 15
Keile und Buchstaben 17
Die Hieroglyphen 21
Das Öh-Bee-Gee 25
Vom Öh-Bee-Gee zum ABΓ 29
Vom ABΓ zum ABC 34
Das C, das G und das U 38
Das W und das J 41
Die Kleinbuchstaben 44
Ein barbarischer Abstecher: Gotische Schriften 48
Satzzeichen 51
Das Alphabet der Zukunft 55

TEIL 2 **LAUTE UND BUCHSTABEN** 59

Sag mal AAA 61
Die Laute der deutschen Sprache 65
26 Buchstaben reichen nicht aus 68
Buchstaben schmücken 72
IPA: Das perfekte Alphabet? 77
Buchstabieren 80
Majonäse & Ketschup! 84
Sprache im Wandel 87
Wörter als Fossilien 91

TEIL 3 **AUF ALPHABET-ENTDECKUNGSREISE** 97
Hebräisch 99
Arabisch 104
Kyrillisch 109
Südostasien 113
Das chinesische Alphabet 119
Japanisch 124
Das beste Alphabet der Welt? 131
Afrika 136
Amerika 141
Verschwundene Alphabete 145
Nicht-entzifferte Alphabete 150

TEIL 4 **ALPHABETE – ABER ANDERS** 153
Fernalphabete 155
Morsecode 163
Mit Marsmännchen chatten 166
Geheimschrift 171
Erfundene Alphabete 176
Turbo-Alphabete 180
Alphabete für blinde und taube Menschen 184
Alphabete mit Bildern 189
Emojis 193

TEIL 5 **SCHREIBEN UND TIPPEN** 197
Lesen und Schreiben lernen 199
Kunstvolle Buchstaben 202
Deine Handschrift verrät dich! 206
Von der Gänsefeder zum Filzstift 211

Vom Papyrus zum Papier 215
Vom Schreiben zum Drucken 220
Der Computer 224
QWERTY (und QUERTZ) 229
Die chinesische Tastatur 233
Buchstaben entwerfen (Typografie) 237

Glossar 245
Quellen 253

1. TEIL

VOM STIERKOPF ZUM ALPHABET

Das Alphabet hat 26 Buchstaben. Da erzähle ich dir bestimmt nichts Neues. Genauso gut könnte ich sagen: Der Himmel ist blau. Oder: Eine Spinne hat acht Beine. Das weiß jeder. Aber weißt du auch, warum das Alphabet 26 Buchstaben hat? Warum sind es nicht 25, oder 27, oder 58?

Und wenn wir gerade schon dabei sind, komplizierte Fragen zu stellen: Woher kommen all die Buchstaben eigentlich? Und warum gibt es solche komischen Buchstaben wie das Q, das Y und das C? Können wir die nicht aussortieren? Und weshalb befindet sich ein Punkt auf dem i? Wer hat sich das ausgedacht?

All das erzähle ich euch auf den folgenden Seiten. Wir machen eine Zeitreise, um herauszufinden, woher das Alphabet kommt. Und wir reisen um die Welt, sehen uns andere Alphabete an, Emojis, Brailleschrift, Tastaturen und noch viel mehr. Als erstes gehen wir fünftausend Jahre in der Zeit zurück und besuchen ein weit entferntes Land..

Eine großartige Erfindung

Wenn man vor fünftausend Jahren an einem bestimmten Ort hätte sein müssen, dann im Nahen Osten. Damals wurde diese Gegend auch **Mesopotamien** genannt. Und in Mesopotamien fing alles an. Dort wurde das Rad erfunden, der Pflug, das Segelboot und der Abakus - die Rechentafel, mit der du vielleicht noch das Rechnen gelernt hast. Und – vielleicht am allerwichtigsten – die **Schrift**.

Damit meine ich nicht die Heilige Schrift oder ein anderes großes Werk. Ich meine ein Zeichensystem, mit dem man Sprache aufschreiben kann. Das Alphabet ist so ein System. Die Schrift ist etwas anderes als die Sprache, die du sprichst. Die Schrift und das Alphabet sind Erfindungen.

Die frühe Schrift aus Mesopotamien ähnelt unserer heutigen Schrift kaum. Bis es so weit ist, müssen wir uns noch ein paar tausend Jahre gedulden. Aber sie markiert den Anfang.

Wer genau die Schrift erfunden hat, wissen wir nicht. Es gibt keine Tontafel, auf der steht: „Hi, mein Name ist Jan. Es ist Donnerstag, der 5. November 3108 vor Christus, und ich habe gerade die Schrift erfunden." Aber wir wissen, warum die Schrift erfunden wurde.

Es war eine berauschende Zeit, damals in Mesopotamien. Aber all die Erfindungen haben das Leben auch komplizierter gemacht. Es war wichtig, eine gute Übersicht zu haben, zum Beispiel wenn es um die Anzahl Schafe ging, die zum Tempel gebracht wurde. Oder zu wissen, wie viel Brot und Bier die Mitarbeiter des Tempels bekamen. Durch das Schreiben war es viel einfacher, den Überblick zu behalten: Die **Keilschrift** war geboren.

Keile und Buchstaben

Rechts siehst du ein Beispiel für die älteste bekannte Form der **Keilschrift**. Es befindet sich auf einer fünftausend Jahre alten **Tontafel** aus der sumerischen Stadt Uruk.

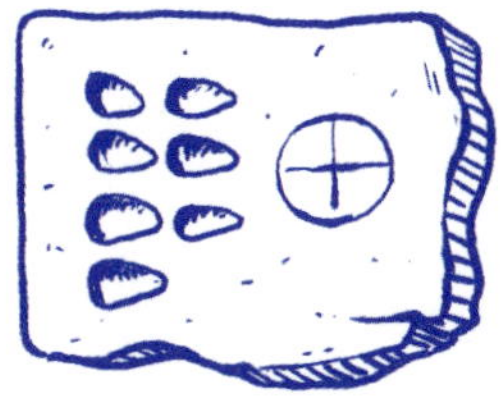

Du fragst dich bestimmt, was diese Krakel mit Keilen zu tun haben, geschweige denn mit Schrift, denn das sieht doch eher nach einer Kinderzeichnung aus. Auf die Keile müssen wir noch ein paar Jahrhunderte warten. Aber eine Schrift ist es schon jetzt. Dort steht „sieben Schafe":

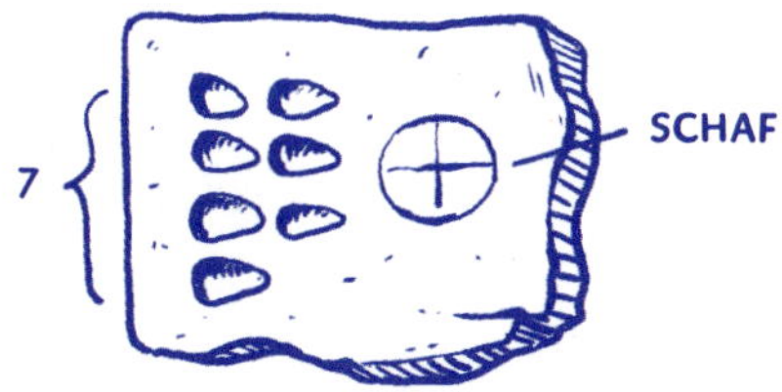

Die Sumerer haben ihre Schrift als Gedächtnisstütze benutzt, für Notizen über den Handel, Vorräte und Steuern. Also als Buchhaltungssystem.

Zum Glück haben die Sumerer schon bald über weniger langweilige Themen als Schafe, Tempel und Getreide geschrieben. Zum Beispiel über tapfere Helden. Die berühmte Geschichte von **Gilgamesch**, einem Helden auf der Suche nach dem ewigen Leben und eine der ältesten bekannten Geschichten der Welt, wurde in Keilschrift niedergeschrieben.

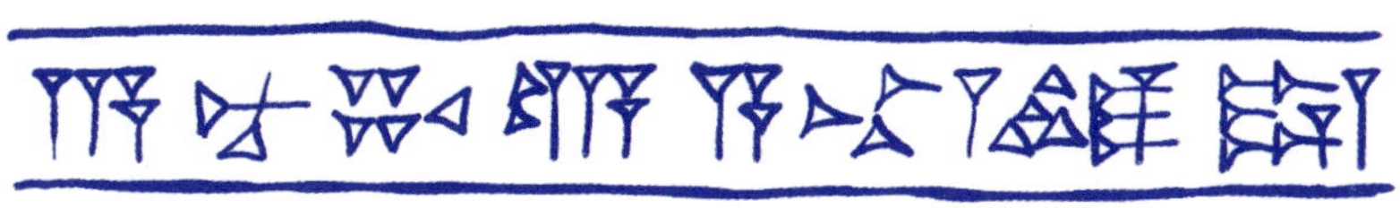

Sumerische Rätsel

Aber: Wie erzählt man mit Bildern, wie wir sie auf der letzten Seite gesehen haben, eine so komplizierte Geschichte wie die von Gilgamesch? Ein Schaf kann man noch gut zeichnen, genauso wie ein Haus. Aber die meisten Wörter können nicht einfach so mit Bildern ausgedrückt werden. Wie zeichnet man zum Beispiel ein Wort wie „gestern"? Und wie zeichnet man „vielleicht", „wie", oder „nichtsdestotrotz"? Das kann ich dir am besten anhand eines Rätsels erklären.

Das hier ist ein Bilderrätsel. Kannst du lesen, was da steht?*

*Lösung: Das Mädchen ist arm

„Arm" bedeutet im Lösungssatz „nicht reich". Mit dem Arm, der an deinem Körper hängt, hat das überhaupt nichts zu tun; „arm" (nicht reich) klingt nur genauso wie „Arm" (Körperteil), und nach diesem Prinzip funktionieren Bilderrätsel.

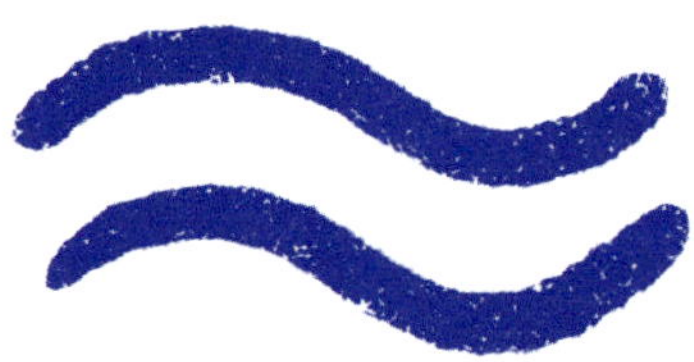

Auch die **Sumerer** haben **Bilderrätsel** verwendet. Ihr Wort für „Wasser" war zum Beispiel a, aber a bedeutete auch „in". Also haben sie das Zeichen für „Wasser" auch für das Wort „in" benutzt. Das war eine wichtige Entwicklung. Denn so standen die Bilder immer weniger für das, was gezeichnet wurde, sondern immer mehr für einen bestimmten Laut. Und das ist der erste Schritt auf dem Weg zum modernen Alphabet.

Wenn du das noch nicht so richtig verstehst, kannst du erstmal an die Buchstaben unseres **Alphabets** denken. Das sind auch Bilder, aber die Form der Bilder hat für uns nichts mit dem Laut zu tun. An dem Buchstaben O gibt es nichts O-iges: er bedeutet nicht „rund", oder „Sonne" oder „Pfannkuchen". Er bedeutet einfach nur *Laut* o.

Auf Ton schreiben

Die Sumerer lebten in einem Land, in dem es nur wenige Bäume und Felsen gab. Flüsse hatten sie aber, und deshalb gab es auch mehr als genug Ton. Aus diesem Grund haben sie nicht auf Papier oder Stein geschrieben, sondern auf Ton. Die **Tontafeln**, auf die sie ihre Texte geschrieben haben, existieren immer noch – fünftausend Jahre später. Und das ist ganz schön beeindruckend. Euer Schreibheft hält bestimmt nicht so lange durch!

Sie haben mit einem spitzen Stück **Schilfrohr** geschrieben, das sie in den Ton gedrückt haben. Das war schwieriger als das Schreiben mit einem

Füller auf Papier. Die Sumerer waren aber nicht dumm, und haben ihre Bilder immer weiter vereinfacht, bis sie weniger schwierige Formen und Schnörkel hatten und am Schluss nur noch Striche übrigblieben. Das kann man gut am Zeichen für „Schaf" sehen:

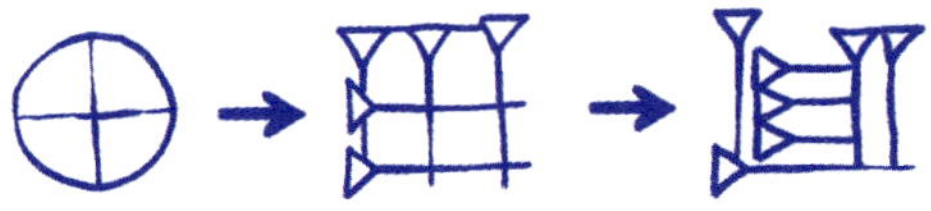

In der endgültigen Form erinnern die Striche sehr stark an Keile. Jetzt weißt du bestimmt, woher der Name kommt.

In der Zeit, in der die Keilschrift verwendet wurde, entstanden in der gleichen Ecke der Welt vergleichbare Schriften. Eine dieser Schriften kennst du bestimmt: die **ägyptischen Hieroglyphen**.

Die Hieroglyphen

Von **Napoleon** hast du bestimmt schon mal gehört. Er war ein berühmter französischer Kaiser, der vor zweihundert Jahren gelebt hat. Mit seiner Armee eroberte er große Teile Europas, auch einige Gebiete, die heute zu Deutschland gehören.

Ägyptomanie

Bevor Napoleon Kaiser wurde, hat er auch in Ägypten Krieg geführt. Dafür hat er natürlich Soldaten mit nach Ägypten genommen, aber auch einige Künstler und Wissenschaftler, die Pyramiden und andere Überreste des **Alten Ägypten** untersuchen sollten. Die nahmen (eigentlich ist raubten das treffendere Wort) unzählige prachtvolle Gegenstände mit nach Hause, wie Sphinxen und Sarkophage mit Mumien. Das Alte Ägypten kam dadurch richtig in Mode: Die Leute schmückten Häuser, Brücken, Springbrunnen und sogar ihre Gräber im **Neuägyptischen Stil**. Sie liebten die spannenden Geschichten über Mumien. Manche Leute trugen sogar extra einen Turban!

Ägyptische Kostümideen

PHARAO — TURBAN — MUMIE

Einer der Künstler, die mit Napoleon mit nach Ägypten reisten, war Nicolas Jacques Conté: Der Erfinder des Bleistifts

Unlesbare Zeichen

Auf den Gegenständen, die die Franzosen mit nach Hause brachten, standen alte, sonderbare Zeichen: die **Hieroglyphen**. Das waren Zeichen aus einer längst vergangenen Zeit, die ungefähr von 3000 vor Christus bis zum Anfang unserer Zeitrechnung verwendet wurden. Es gab niemanden mehr, der die Hieroglyphen lesen konnte, auch die Ägypter konnten es nicht. Bis ein elfjähriger Junge aus Frankreich sich vornahm, die Zeichen zu entziffern. Sein Name war **Jean-François Champollion**.

Möchtest du, genau wie Champollion, auch der erste sein, der eine unbekannte Schrift entziffert? Keine Angst: Davon gibt es immer noch mehr als genug. **Blättere weiter auf Seite 150.**

Der Stein von Rosette

Champollion verwendete zum Entziffern der Hieroglyphen einen alten Stein, der kurz zuvor in Ägypten ausgegraben wurde: den **Stein von Rosette**. Das ist ein berühmter Stein, der heute in einem Museum in London ausgestellt wird und auf dem dreimal der gleiche Text steht: Einmal auf **Griechisch**, einmal in **Hieroglyphen** und einmal in einer vereinfachten Form der Hieroglyphen, der **demotischen Schrift**. Weil

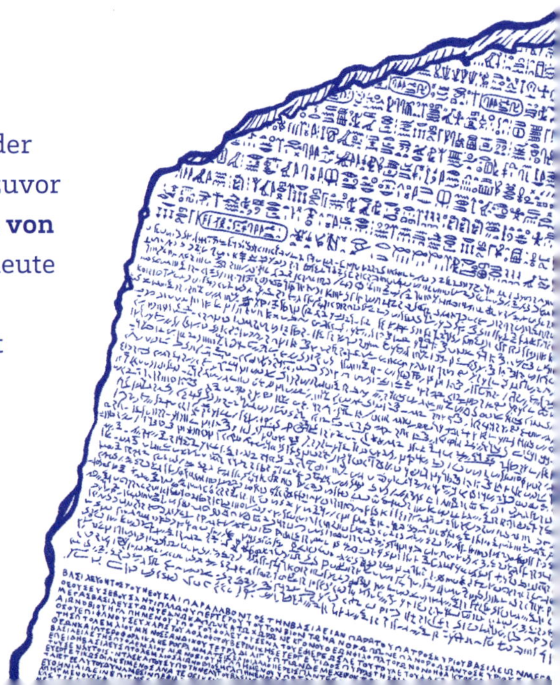

Champollion Griechisch sprach, konnte er die anderen zwei Schriften entziffern.
Das Entziffern war keine leichte Aufgabe. Viele Leute dachten damals, die Hieroglyphen seien kleine Symbole: die Zeichnung einer Sonne würde „Sonne“ und die Zeichnung eines Auges würde „Auge“ bedeuten, oder vielleicht „sehen“. Doch mit dieser Methode gelang es niemandem, die **Hieroglyphen** zu entziffern.
Wie war das denn nochmal bei der Keilschrift aus dem letzten Kapitel? Dort begann tatsächlich alles mit kleinen Symbolen: Das Bild von Wasser bedeutete „Wasser“ und das Bild eines Hauses bedeutete „Haus“. Aber weil das sumerische Wort für Wasser, a, genauso wie „in“ klang, fingen sie an, das Zeichen für Wasser auch für das Wort „in“ zu verwenden. Die Zeichen haben immer öfter **Laute** dargestellt, unabhängig davon, was sie darstellten. **Champollion** dachte, dass die Hieroglyphen genauso aufgebaut sein könnten. Er hatte Recht, und nach zwanzig Jahren gelang es ihm, die Hieroglyphen zu entziffern.

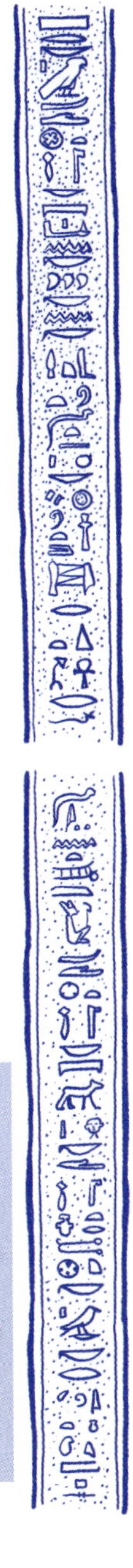

„Hieroglyphe“ ist ein altes griechisches Wort und bedeutet „heiliges Schriftzeichen“.

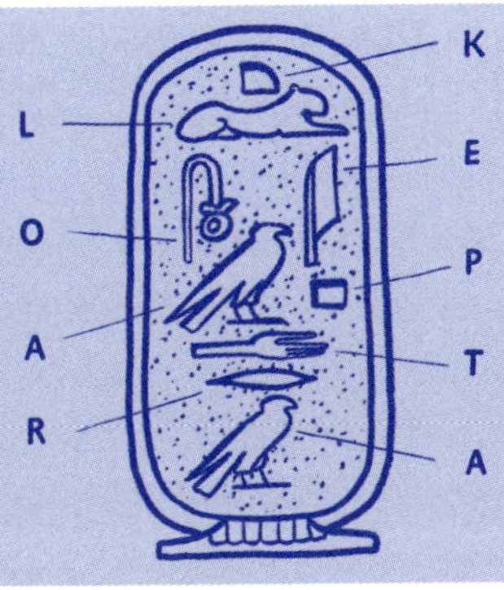

Die Namen von Pharaonen wurden umrandet.
Das nennt man auch *Kartusche*. Sie half bei der Entzifferung der Hieroglyphen. Hier steht zum Beispiel *Kleopatra*

Was war die demotische Schrift?

Die alten Ägypter hatten keine Lust darauf, all die schwierigen Hieroglyphen immer ordentlich aufzuschreiben. Deshalb entstand schon bald eine einfachere Variante dieser Schrift. Die bezeichnen wir als **hieratische** Schrift. Die Hieroglyphen und die hieratische Schrift existierten lange Zeit nebeneinander: Hieroglyphen für die ernsten Angelegenheiten wie Tempelinschriften, und die hieratische Schrift für Alltägliches mit Stift und Papyrus. Die **demotische** Schrift ist wiederum der Nachfolger der hieratischen Schrift und umfasste genau wie die hieratische Schrift Zeichen, die einfacher waren als die Hieroglyphen.

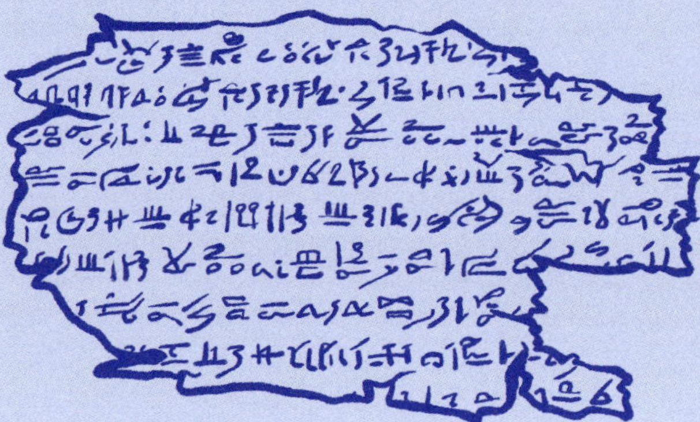

Das Öh-Bee-Gee

Die Hieroglyphen, die vor tausenden von Jahren verwendet wurden, bilden die Grundsteine unseres Alphabets – aber es ist noch eine lange Reise bis zum heutigen ABC. Zuerst wurde von den Nachbarn der alten Ägypter vor ungefähr 3500 Jahren das **Öh-Bee-Gee** erfunden.

Kann ich mir das mal ausleihen?

Was für eine gute Idee, dachten sich die Nachbarn, als sie die Hieroglyphen sahen. Die brauchen wir auch für unsere Sprache! Aber so einfach war das nicht: Sie sprachen eine völlig andere Sprache als die Ägypter. Also konnten sie die Hieroglyphen nicht einfach übernehmen. Wir können ja auch nicht einfach chinesische Schriftzeichen für die deutsche Sprachen verwenden.

Also machten sie es folgendermaßen: Sie suchten sich ungefähr dreißig Hieroglyphen aus und machten daraus ihre **eigenen Buchstaben**. Schlau, oder? Aber wie haben sie das angestellt?

Eine der Hieroglyphen, die sie übernommen haben, war zum Beispiel das Zeichen für „Wasser":

Sie nannten das Zeichen *mayim*, das bedeutete in ihrer Sprache „Wasser". Und weil *mayim* mit einem M anfing, verwendeten sie es auch für den Laut „m".

Nach dem gleichen Prinzip haben sie die Hieroglyphe für „Schlange" verwendet:

Weil ihr Wort für Schlange *nahšu* hieß, wurde diese Hieroglyphe das Zeichen für den Laut „n". Mit ein bisschen Fantasie kannst du hier schon unsere Buchstaben M und N erkennen!

AYN 'AUGE'

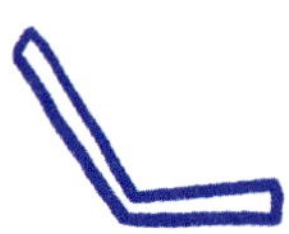

GAML 'WURFSTOCK'

ALP 'STIER'

Die Geburt des Alphabets

Diese Zeichen landeten wiederum bei einem anderen Volk, den **Phöniziern**. Die wohnten damals in dem Gebiet, das wir heute als **Syrien** und den **Libanon** kennen. Sie vereinfachten die Zeichen und einige ihrer Namen weiter:

MAYIM MEM ALP ALEPH

NAHŠU NUN GAML GIMEL

AYN AJIN

Die Phönizier brachten alle 22 Zeichen in eine feste Reihenfolge, beginnend mit **Aleph**:

ALEPH BETH GIMEL DALETH HE WAW ZAJIN CHET TET YOD KAPH

LAMED MEM NUN SAMECH AJIN PE TZADE KOPH RES SCHIN TAW

Die Zeichensammlung der Phönizier ist der Vorläufer unseres Alphabets. Unsere Buchstaben stammen also von Zeichen ab, die tausende von Jahren alt sind! Irgendwann einmal waren diese Zeichen kleine Bilder, zum Beispiel von einer Schlange, einem Auge oder von Wasser, aber nach und nach sind die Bilder immer weiter vereinfacht worden. Unser Buchstabe A hat einmal als **Stierkopf** angefangen!

Die Geschichte hat nur einen Haken: der Buchstabe A, der erste Buchstabe des phönizischen Alphabets, war nicht der Buchstabe für den Laut „a" (wie in Affe). Es war vielmehr der Buchstabe für den **Kehllaut** „öhhh". Die Phönizier haben also nicht das ABC erfunden, sondern eher das **Öh-Bee-Gee** …

Auch die anderen Laute – E, I, O und U – fehlten. Das phönizische Alphabet war ein Alphabet ohne Vokale! Für die Vokale müssen wir unsere Reise gen Westen fortsetzen. Zu den Nachbarn der Phönizier, den Griechen, die die phönizische Schrift für ihre eigene Sprache verwendet haben.

Ganz schön verrückt, so ein Alphabet ohne Vokale, oder? Es ist aber nichts Besonderes: Die **arabische** und die **hebräische** Schrift machen das auch so (oder besser gesagt: immer noch, denn ihre Schriften wurden vom Phönizischen abgeleitet). Man schreibt dann nur die Konsonanten eines Wortes: Ds sht ngfhr s s. Rstml n bsschn kmsch, br mn gwhnt sch drn!

Vom Öh-Bee-Gee zum ΑΒΓ

Die **alten Griechen** haben so einiges erfunden, woran wir auch heute noch viel Freude haben: die Olympischen Spiele, Demokratie, den Satz des Pythagoras, Philosophie. Und das A, O, E, I und U. Anders gesagt: Unsere **Vokale**!

Das Alphabet der Phönizier war ein durschlagender Erfolg und die Griechen wollten es gerne auch für ihre eigene Sprache verwenden. Es gab nur ein kleines Problem: Das Alphabet war für die phönizische Sprache gemacht, und die war ganz anders als die griechische Sprache. Viele Buchstaben standen für Laute, die die Griechen überhaupt nicht kannten. Umgekehrt hatten die Griechen wiederum Laute, für die es noch keine Buchstaben gab. Es musste also erstmal **klar Schiff** gemacht werden.

Klar Schiff machen

Was haben die Griechen aus dem phönizischen Alphabet gemacht? Lasst uns vorne anfangen, beim 𐤀 (*aleph*). Der Buchstabe stand für den Kehllaut „öhhh". Weil der ein bisschen wie ein „a" klang, machten die Griechen daraus das A. Fortan stand dieser Buchstabe namens **Alfa** bei den Griechen auch für den Laut „a".

Der phönizische Buchstabe 𐤄 stand für den Laut „hē" (ein H mit sehr viel Luft, wie das H im englischen *Hi*, oder wie wenn man schurkenhaft ganz laut *Hehehe!* lacht). Diesen Laut hatten die Griechen auch nicht. Dafür hatten sie das E (wie in Heft oder Ellenbogen). Also wurde das 𐤄 das Zeichen für den Laut „e".

Darüber hinaus haben die Griechen auch aus dem phönizischen *ayin* 𐤏 und dem *yodh* 𐤉 Vokale gemacht: Das O und das I. Das *waw* 𐤅, das für den Laut „w" stand, haben sie behalten, aber sie haben es auch für den Laut „u" verwendet. Das *waw* wurde zum Y (Ypsilon), das sie ordentlich hinten eingereiht haben.

Noch ein paar Buchstaben mehr

Auf der anderen Seite gab es auch Laute, die im Griechischen vorkamen, aber nicht im Phönizischen. Für diese Laute gab es also keine Buchstaben. Die Griechen kannten zum Beispiel **zwei O's**: ein kurzes (wie in Bombe) und ein langes (wie in Hose). Ein O hatten sie schon, also haben sie noch ein zweites hinzugefügt. Das wurden die Buchstaben **Omikron** (o-mikron, das kleine O) und **Omega** (O-mega, das große O). Und sie haben noch mehr Buchstaben hinzugefügt: das **Φ** (*Phi*) für „f", das X (Chi) für „ch" und das **Ψ** (Psi) für „ps". Auch die haben sie ordentlich hinten eingereiht. Lasst uns mal schauen, zu was die große Aufräumaktion der Griechen geführt hat:

Das hier sind alles Großbuchstaben.
Die kleinen Buchstaben (α, β, γ, δ, ε, ζ, η, θ usw.) sind erst viel später entstanden, um das neunte Jahrhundert nach Christus.

Phönizisch	Aleph	Beth	Gimel	Daleth	He	Waw	Zajin	Chet	Tet
	𐤀	𐤁	𐤂	𐤃	𐤄	𐤅	𐤆	𐤇	𐤈
Griechisch	Alpha	Beta	Gamma	Delta	Epsilon	Digamma	Zeta	Eta	Theta
	Α	Β	Γ	Δ	Ε	Ϝ	Ζ	Η	Θ

Phönizisch	Jod	Kaph	Lamed	Mem	Nun	Samech	Ajin	Pe	Tzade
	𐤉	𐤊	𐤋	𐤌	𐤍	𐤎	𐤏	𐤐	𐤑
Griechisch	Iota	Kappa	Lambda	My	Ny	Xi	Omikron	Pi	San
	Ι	Κ	Λ	Μ	Ν	Ξ	Ο	Π	Ϻ

Phönizisch	Koph	Res	Schin	Taw					
	𐤒	𐤓	𐤔	𐤕					
Griechisch	Koppa	Rho	Sigma	Tau	Ypsilon	Phi	Chi	Psi	Omega
	Ϙ	Ρ	Σ	Τ	Υ	Φ	Χ	Ψ	Ω

Das Omega war der letzte Buchstabe des griechischen Alphabets. Der biblische Satz „Ich bin das Alpha und das Omega." bedeutet also: „Ich bin der Anfang und das Ende." Heute könnten wir sagen: „Ich bin das A und das Z."

Dieses Alphabet verwenden die Griechen immer noch! Allerdings sind inzwischen einige Buchstaben verschwunden: das F, das **M** (das *San*, nicht das *My*) und das **Q**. Die Griechen hatten zwei Buchstaben für den Laut „k": das *Kappa* und das *Koppa*. Im Phönizischen waren das noch zwei ganz unterschiedliche Buchstaben. Die Griechen fanden das **Q** bei näherer Betrachtung doch nicht so praktisch und sortierten es aus. Aber da hatten die **Römer** es schon übernommen. Und deshalb schlagen wir uns auch heute noch mit diesem **Q** herum!

Von rechts nach links und von links nach rechts

Dir ist bestimmt schon aufgefallen, dass die Griechen manche Buchstaben in **Spiegelschrift** verwendet haben. Das ∃ wurde zum E und das ꓘ wurde zum K. Aber warum?

Das hatte mit der Schreibrichtung zu tun. Die Phönizier schrieben von rechts nach links. Anfangs machten die Griechen das auch, aber nach einiger Zeit wechselten sie stattdessen ab: eine Zeile von rechts nach links

die nächste wieder von links nach rechts usw. Sowas nennt man **Bustrophedon**, das heißt: wie ein Ochse beim Pflügen. Wie du sieht, werden die Buchstaben abhängig von der Schreibrichtung gespiegelt.

Letztendlich haben die Griechen von **links nach rechts** geschrieben, mit der dazu passenden Schreibweise der Buchstaben.

Und so sind wir unserem heutigen Alphabet wieder einen großen Schritt nähergekommen. Für die letzten Puzzlestücke reisen wir weiter gen Westen, zu einem Volk, das viel von den Griechen übernommen hat, auch ihr Alphabet: zu den **Römern**.

Den griechischen Buchstaben und ihren Namen begegnet man immer noch sehr häufig, vor allem in der Wissenschaft. Denk nur an Worte wie Alphatier, Flussdelta, Pi und Gammastrahlung.

Vom ABΓ zum ABC

Die **Römer** waren verrückt nach den alten Griechen. Sie haben alles Mögliche von ihnen übernommen: Säulen, Skulpturen, Götter, Geschichten. Und ihre Buchstaben. Aber weil ihre Sprache, das **Latein**, anders war als Griechisch, haben auch sie wieder ein bisschen klar Schiff gemacht. Das Ergebnis ist ein Alphabet, das unserem Alphabet schon sehr ähnlich ist!

Von Griechisch zu Römisch

Schauen wir uns mal an, was die Römer aus dem griechischen Alphabet gemacht haben:

GRIECHISCHES ALPHABET

LATEINISCHES ALPHABET

Wie du siehst, haben die Römer ganz schön viel verändert: Manchen Buchstaben wurde eine andere Form verpasst, während andere komplett verschwunden sind. Und auch die Reihenfolge weicht stellenweise ab. Schauen wir uns mal an, was genau sie da angestellt haben.

C, D, L, P, R, S und Y im neuen Gewand

Fangen wir bei den Buchstaben an, die eine **andere Form** bekommen haben. Eigentlich hat sich die Form nicht wirklich verändert. Bei den Griechen (und sogar viel früher, bei den Phöniziern) wurden die Buchstaben nicht immer gleich geschrieben: Es gab viele **regionale Varianten**. Und die Römer haben eine dieser Varianten übernommen.

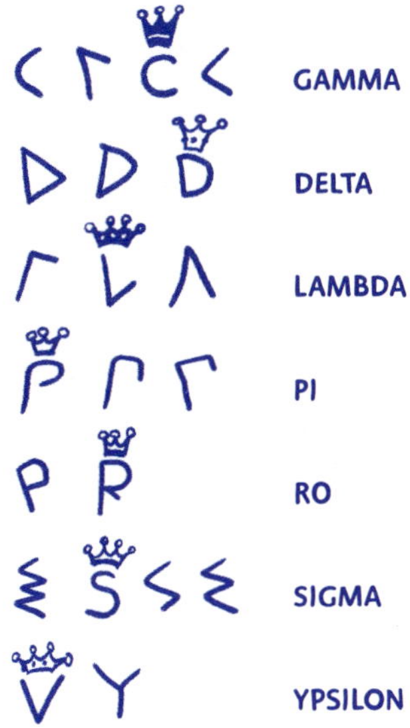

Ab in die Tonne mit Θ, Ξ, Φ, Ψ, M und Ω

Die Römer fanden einige griechische Buchstaben überflüssig, zum Beispiel, weil es bei ihnen den Laut des Buchstabens nicht gab. Ein Beispiel ist das **Θ** (Theta) für den Laut „th". Diesen Laut gibt es auch bei uns nicht (manchmal schreibt man ihn zwar, zum Beispiel bei Theorie, aber dann spricht man ihn als „t" aus). Wir können den Römern also dankbar dafür sein, dass sie ihn aussortiert haben, sonst hätten wir ihn jetzt am Hals! Andere Buchstaben, die es nicht geschafft haben, sind **Ξ** (Xi), **Φ** (Phi), **Ψ** (Psi), **M** (San) und **Ω** (Omega).

Das Ω haben sie aussortiert, weil ihnen ein O gereicht hat. Mal gucken, was die **römische Aufräumaktion** bewirkt hat:

A	B	Γ	Δ	E	F	Z	H	Θ	I	K	Λ	M	N
↓	↓	↓	↓	↓	↓	↓	↓	X	↓	↓	↓	↓	↓
A	B	C	D	E	F	Z	H		I	K	L	M	N

Ξ	O	Π	M	Ϙ	P	Σ	T	Y	Φ	X	Ψ	Ω
X	↓	↓	X	↓	↓	↓	↓	↓	X	↓	X	X
	O	P		Q	R	S	T	V		X		

Bis zu unserem Alphabet ist es immer noch ein weiter Weg: Das Z steht an einer merkwürdigen Stelle, zwischen dem F und dem H. Und das griechische Y wurde zu einem römischen V und ist deshalb verschwunden. Trotzdem befindet sich im römischen Alphabet am Ende ein Y. Was ist da passiert?

Y und Z bekommen eine zweite Chance

Hast du dich schonmal gefragt, warum das Y auf Französisch i-greck genannt wird? Das hat etwas mit dem römischen Alphabet zu tun. Wie du bereits weißt, haben sie das Y *(Ypsilon)* von den Griechen übernommen, allerdings in der Form des V, das sie für die Laute „v" und „u" verwendet haben. Als die Römer eines Tages Griechenland erobert haben, wurde ihr Wortschatz um viele griechische Wörter ergänzt, zum Beispiel um **Ortsnamen**. Und deshalb war es praktisch, das griechische Y zu übernehmen; so landete es doch noch im römischen Alphabet – aber ganz hinten.

Und das Z? Das ist eine traurige Geschichte. Das Z stand erst neben dem F, aber die Römer meinten, sie bräuchten es eigentlich nicht. Sie sortierten es aus und ersetzten es durch einen praktischeren, neuen Buchstaben: das G (zum G später mehr). Für die Eroberung von Griechenland erwies sich da Z – genau wie das Y – allerdings als ziemlich wichtiger Buchstabe. Also wurde das Z wieder aufgenommen, aber es musste sich hinten anstellen.

Jetzt haben wir endlich das vollständige **römische Alphabet**:

A	B	Γ	Δ	E	F	Z	H	Θ	I	K	Λ	M	N
↓	↓	↓	↓	↓	↓	↓	↓	X	↓	↓	↓	↓	↓
A	B	C	D	E	F	G	H		I	K	L	M	N

Ξ	O	Π	M	Ϙ	P	Σ	T	Y	Φ	X	Ψ	Ω		
X	↓	↓	X	↓	↓	↓	↓	↓	X	↓	X	X		
	O	P		Q	R	S	T	V		X			Y	Z

Wie du siehst, gibt es zwischen unserem und dem römischen Alphabet bereits viele Ähnlichkeiten. Es fehlen aber noch ein paar Buchstaben: das J, das U und das W. Auf die müssen wir noch eine Weile warten. Wir schauen uns jetzt erstmal an, wo das G herkommt und was es mit dem C zu tun hat. Und warum das C eigentlich so ein blöder Buchstabe ist.

Das Wort Alphabet (Alfa + Beta) stammt von den Römern. Es wurde als Alphabetum zum ersten Mal in einem Text des Schriftstellers Tertullian rund 200 nach Christus verwendet

Das C, das G und das U

Das Alphabet der Römer verbreitete sich in ganz **Europa**. Die Menschen verwendeten es für allerlei Sprachen, auch für die deutsche Sprache. Aber wie wir schon gesehen haben, hat jede Sprache eigene Laute, und deshalb war es wichtig, einige Buchstaben zu ergänzen: das J, das U und das W. Aber zuerst muss ich die Geschichte vom G erzählen – und die beginnt beim Buchstaben C.

Warum das C so ein blöder Buchstabe ist

Das C ist ein nerviger Buchstabe. Es weiß einfach nicht, was es will. Mal ist es ein scharfes S (Cent), dann wieder ein K (Code). Manchmal holt er seinen Freund H dazu und dann bilden sie zusammen ein SCH (Champignon), TSCH (Chips) oder einen harten oder weichen CH-Laut (wie bei Ach oder Ich). Und manchmal wird das CH sogar zum K-Laut (sechs).

Eigentlich gab es immer nur Ärger mit dem C. Sogar schon bei den Römern. Erinnerst du dich? Sie übernahmen das **Γ** (Gamma) der Griechen und schrieben es wie das C. Aber das römische C war nicht das C („tse“) wie wir es heute verwenden. Die Römer verwendeten es für den G-Laut (wie in Gans), genau wie die Griechen. Aber auch, und hier wird es problematisch, für den Laut „k“.

Julius Cäsar sprach vor langer Zeit die berühmten Worte **veni vidi vici** („Ich kam, ich sah, ich siegte“). Das klang wie „veni vidi viKI“. Und sein Nachname klang wie „kaisar“. Daher stammt unser Wort *Kaiser*.

Einem **römischen Lehrer** passte es nicht, dass das C sowohl für das G als auch für das K verwendet wurde. Deshalb dachte er sich einen neuen

Buchstaben aus: das G (ein C mit einem Strich). Das alte C stand jetzt nur noch für den Laut „k", und das neue G für das „g".

Aber **Sprachen** sind ständig **im Wandel**. Dieser Wandel vollzieht sich ganz unterschiedlich: neue Wörter kommen hinzu, und andere verschwinden, aber auch die Aussprache der Wörter verändert sich.

Das **Latein** hat sich ebenfalls verändert. Der K-Laut entwickelte sich nach und nach zum TSCH-Laut. Und deshalb wurde Cäsar später eher wie „Tsäsar" ausgesprochen. Das „tsch" hat sich in ein „ts" verändert, das wiederum zum „s" wurde. Und von jeder dieser Aussprachen sind in unserer Sprache Wörter übriggeblieben, die wir immer noch mit einem C schreiben, wie *Code*, *Chips*, *Champignon* und *Cent*.

Warum das U eigentlich ein V ist

Die Griechen verwendeten das Y (Ypsilon) für die Laute „u" und „ü". Die Römer übernahmen das Y und schrieben es als V. Den Laut „ü" hatten sie nicht, deshalb verwendeten sie das V für den Laut „u" in Wörtern wie *senatvs* und *Brvtvs*.

Die Römer verwendeten das V auch für den Laut „w". Das wirkt etwas merkwürdig, aber das W und das U sind nicht so unterschiedlich, wie man vielleicht denken könnte. Sag mal laut „u"! Hast du das W am Ende gehört? Das **römische W** befand sich lautlich zwischen unserem v und unserem w. Für uns sind das zwei unterschiedliche Laute (ein *Veilchen* ist etwas anderes als ein *Weilchen*), aber für die Römer war das nicht so.

Noch bis zum **Mittelalter** wurde der Buchstabe V unterschiedlich verwendet: als Konsonant V und als Vokal U oder Ü. Manchmal wurde der Buchstabe auch rund geschrieben: U. Für die Aussprache des Buchstabens machte das keinen Unterschied, es konnte immer noch ein V oder ein U sein. Nach einiger Zeit wurde die **spitze Form** V für den Konsonanten verwendet, und die **runde Form** U für den Vokal, so wie das auch heute noch gemacht wird.

Das W und das J

Da wir dem römischen Alphabet jetzt das U hinzugefügt haben, fehlen nur noch zwei Buchstaben: **das W und das J**.

Das W

Die deutsche Sprache unterscheidet zwischen den Lauten „l“ und „r“. Lot ist etwas anderes als Rot. Aber in vielen Sprachen, zum Beispiel im Japanischen, gibt es diesen Unterschied nicht. Das „l“ und das „r“ klingen für **Japaner** gleich, *Lot* und *Rot* sind für sie Varianten desselben Wortes. Das klingt vielleicht etwas merkwürdig, aber im Deutschen gibt es sowas auch, allerdings mit anderen Lauten. Denk nur ans R, das kannst du ganz unterschiedlich aussprechen: rollend mit der Zungenspitze, oder hinten im Mund als **Zäpfchen-R**. Aber ganz egal, wie du es aussprichst, die Bedeutung ändert sich nicht. *Rabe* mit einem **Zungenspitzen-R** bedeutet dasselbe, wie *Rabe* mit einem Zäpfchen-R. Für Spanier wiederum haben die verschiedenen Rs unterschiedliche Bedeutungen.

Warum ich dir das erzähle? Weil die Römer nicht zwischen den Lauten „v“ und „w“ unterschieden, und deshalb auch keine zwei Buchstaben benötigten: das V reichte aus. Aber für die Germanen, die im frühen Mittelalter anfingen, das Alphabet der Römer zu benutzen, reichte es nicht aus. Sie brauchten, genau wie wir (Deutsch ist eine germanische Sprache) einen Unterschied zwischen dem V und dem W. Also schrieben sie für das W zwei Vs hintereinander: VV. Später wurde das dann ein eigener Buchstabe, das W, das neben dem ursprünglichen V im Alphabet landete.

&

Kennst du diesen Kringel? Er heißt Et-Zeichen und steht für das Wort *und*. Genau wie der Buchstabe W besteht auch das & eigentlich aus zwei Buchstaben: *et*, lateinisch für „und“.

Die Franzosen nannten den neuen Buchstaben Doppel-V. Aber neben VV wurde auch die Form UU verwendet (erinnerst du dich? Das V und das U waren Varianten voneinander). Auch das UU wurde später zum W. Im englischen heißt das W deshalb „double U“.

Das J

Das J ist der **Nachzügler** des Alphabets. Auch nach dem Mittelalter wurde es im Alphabet oft nicht berücksichtigt. Wirklich fair ist das nicht. Eigentlich verwendeten schon die Römer das J, nur nicht als einzelnen Buchstaben. Für sie war das J einfach eine andere Art, das I zu schreiben – mit einem schönen Kringel unten dran.

Erinnerst du dich noch an Julius Cäsar? Die Römer schrieben seinen Vornamen so: **IVLIVS**. So, wie der Buchstabe V sowohl für den Laut „v“ als auch für den Laut „u“ verwendet wurde, verwendeten sie das I sowohl für den Laut „i“ als auch für den Laut „j“. Die J-Form verwendeten sie zum Beispiel, wenn mehrere I's hintereinander standen, wie bei der Zahl: **MCMIJ** (1902).

So wurde das noch sehr lange gemacht. Am Ende hat man das I aber nur noch für den Vokal „i" verwendet, und die Variante J für den Konsonanten „j". Nach einiger Zeit hat man das J deshalb als eigenständigen Buchstaben betrachtet.

Ziel erreicht

Und jetzt, nach einer jahrtausendelangen Reise durch Mesopotamien, Ägypten, Griechenland und das Römische Reich, sind wir endlich bei unserem **heutigen Alphabet** angelangt:

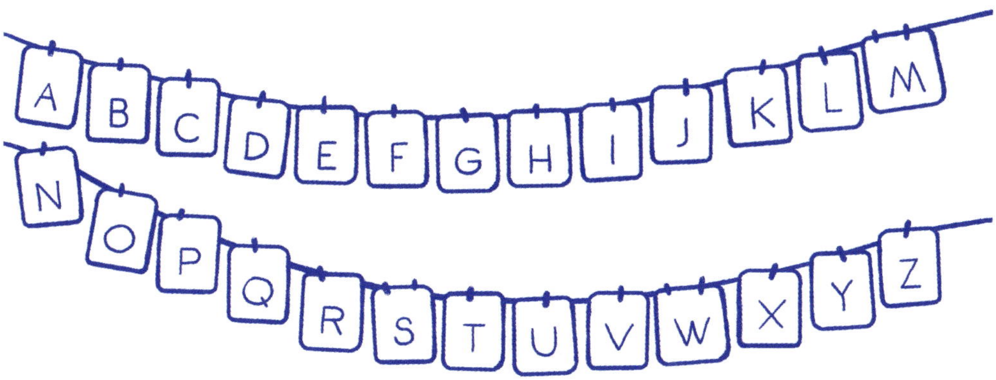

Oder doch noch nicht? Schau genau hin: Das sind ja alles Großbuchstaben! Woher kommen denn dann unsere kleinen Buchstaben? Um diese Frage zu beantworten, müssen wir doch nochmal zurück zu den Römern reisen.

Die Kleinbuchstaben

Vielleicht wirkt es wie eine Selbstverständlichkeit, dass es Klein- und Großbuchstaben gibt: **Großbuchstaben** verwenden wir am Satzanfang, für Substantive, beim Siezen und für Eigennamen. Der Rest wird mit kleinen Buchstaben geschrieben. Aber warum machen wir das eigentlich? EIGENTLICH BRAUCHT MAN KLEINE BUCHSTABEN GAR NICHT. Oder andersrum: großbuchstaben braucht man überhaupt nicht. Bei vielen Schriften anderer Sprachen gibt es den Unterschied auch gar nicht, zum Beispiel im Arabischen, Japanischen und Tibetanischen. Warum machen wir das dann? Und woher kommen unsere **Kleinbuchstaben** eigentlich?

Auch die stammen von den **Römern**. Sie haben allerdings einen ganz anderen Weg zurückgelegt als unsere Großbuchstaben. Nach der Römischen Kaiserzeit sollte es noch mehr als Tausend Jahre dauern, bevor die Groß- und Kleinbuchstaben wieder in einem Schriftsystem zusammenfanden.

Römisches Gekritzel

Auch die Römer mussten ab und an einen **Einkaufszettel** schreiben. Und auch sie beschmierten ab und zu Wände. Aber das machten sie nicht mit Hammer und Meißel und den imposanten römischen Buchstaben. Wenn es schneller gehen musste, schrieben die Römer so:

Eigentlich sind das alles typische römische Großbuchstaben, wie man sie auch an den Fassaden von Gebäuden findet, aber etwas fließender und einfacher. Das ist auch logisch: Mit einem Meißel auf Stein schreibt man eben anders als mit Stift auf Papier. Die Römer verwendeten die zwei Buchstabenarten nicht durcheinander, so wie wir das jetzt mit Groß- und Kleinbuchstaben machen: Stattdessen waren es unterschiedliche Schriftarten.

Ober- und Unterlängen

Auch nach der Zeit des Römischen Reichs haben die Menschen diese **Handschrift** weiterverwendet. Die Form hat sich allerdings über die Jahrhunderte hinweg immer wieder verändert. Zuerst bekamen Buchstaben wie d, f und p Ober- und Unterlängen, die wie Füße und Hälse aussehen.

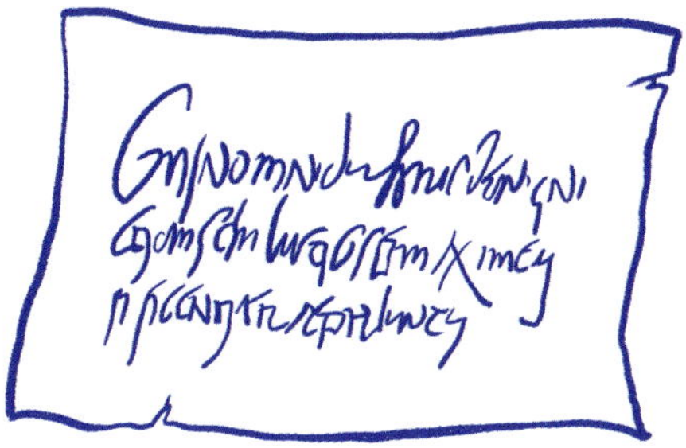

Etwas später ähnelte die Schrift immer mehr unseren Kleinbuchstaben:

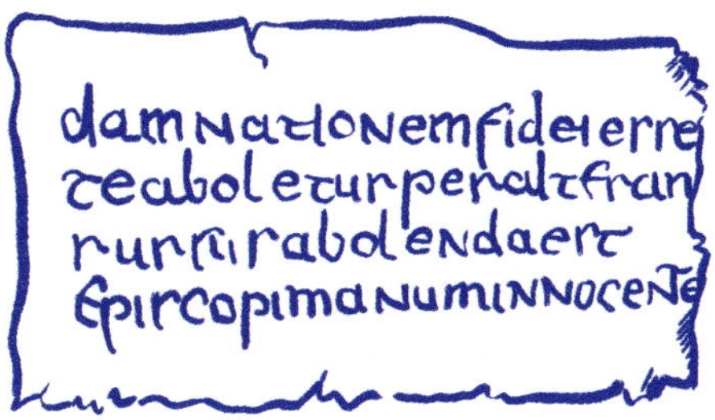

Großer Karl und kleine Buchstaben

Um das Jahr 800 herum sahen die Kleinbuchstaben so aus:

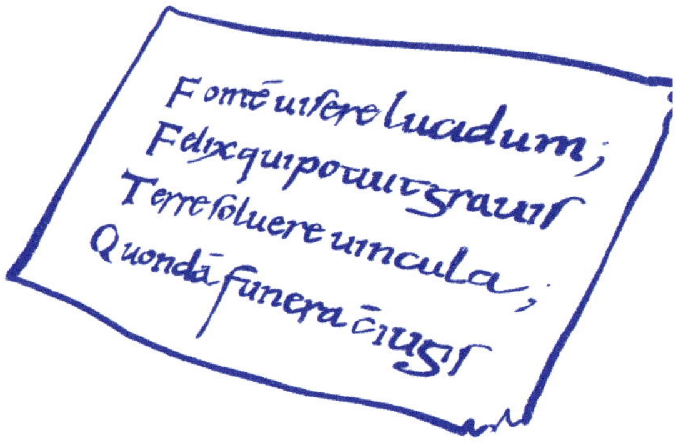

Wir befinden uns mittlerweile im frühen Mittelalter, in der Zeit von **Karl dem Großen**. Der war nicht nur der König des Fränkischen Reichs, sondern auch Kaiser (von fast ganz Westeuropa). Und nicht irgendeiner! Sein Name war nicht umsonst Karl der Große: Er war 1,92 Meter groß und einer der wichtigsten Kaiser in der Geschichte Europas. Er sorgte für Einigkeit und spielte eine wichtige Rolle für Kunst und Kultur. Und für die Kleinbuchstaben.

Karl der Große gilt auch als der Begründer der **Schule**. Dafür kannst du dich also bei Karl bedanken. Er ließ in ganz Europa Schulen und Kloster bauen, wo Menschen Schreiben und Lesen lernen konnten. Und es war ihm auch wichtig, wie sie schreiben lernten.

Handschriften waren damals nämlich viel wichtiger als heute, weil wirklich alles mit der Hand geschrieben wurde. Zum Beispiel Bücher, aber auch Gesetze. Karl dem Großen war es wichtig, dass das in seinem Reich im gleichen Stil geschah. In der Kleinbuchstabenschrift aus der Zeit von Karl dem Großen. Diese Schriftart nennen wir deshalb das *Karolingische Minuskel*.

Zwei Buchstabenarten durcheinander

Diese **Karolingische Minuskel** ist der direkte Vorläufer unserer heutigen Kleinbuchstaben. Unsere Angewohnheit, ein Leerzeichen zwischen die Wörter zu setzen und einen Satz mit einem Großbuchstaben zu beginnen, stammen auch aus jener Zeit. Eigentlich verwenden wir also zwei Schriftarten durcheinander: die klassischen „römischen" Buchstaben, die wir heute als Großbuchstaben oder Majuskeln bezeichnen, und die Schriftart, die wir heute „Kleinbuchstaben" oder „Minuskeln" nennen.

So. Jetzt haben wir endlich unsere Großbuchstaben und unsere Kleinbuchstaben. Haben wir es dann geschafft? Nein. Die karolingische Minuskel hat ein paar Jahrhunderte durchgehalten, aber auch sie ist wieder verschwunden. Hm, denkst du jetzt vielleicht, du hast doch gerade gesagt, dass die karolingische Minuskel der Vorläufer unserer Kleinbuchstaben war? Das stimmt, aber über Umwege.

Ein barbarischer Abstecher:
Gotische Schriften

Wenn eine Schriftart den Preis gewinnen muss für

Die mittelalterlichste Schrift

dann ist es wohl die **gotische Schrift**. Die gotische Schrift gehört zu den gebrochenen Schriftarten, zu der auch die Frakturschrift gehört. Sie ist wuchtig und eckig und... ganz schön unleserlich.

Von rund zu eckig

Die offene, runde Schrift aus der Zeit von Karl dem Großen hat sich nach und nach in die gotische Schrift verwandelt. Sie wurde vom 12. bis zum 15. Jahrhundert in großen Teilen Europas zur meistgenutzten Schrift. Die Schrift hatte schmale Buchstaben, was vermutlich damit zu tun hat, dass das Papier teurer wurde und die Mönche platzsparend schreiben mussten.

Gotische Schriften haben mit den Goten nichts zu tun. „Gotisch" ist ein italienisches **Schimpfwort**, denn den Italienern gefiel die eckige, gebrochene Schrift überhaupt nicht.

Sie fanden sie barbarisch. Und wenn die Italiener etwas barbarisch fanden, dann fanden sie es nordeuropäisch. Denn dort kamen die Wüstlinge her, die zum Untergang des Römischen Reichs beigetragen hatten: **die Goten**.

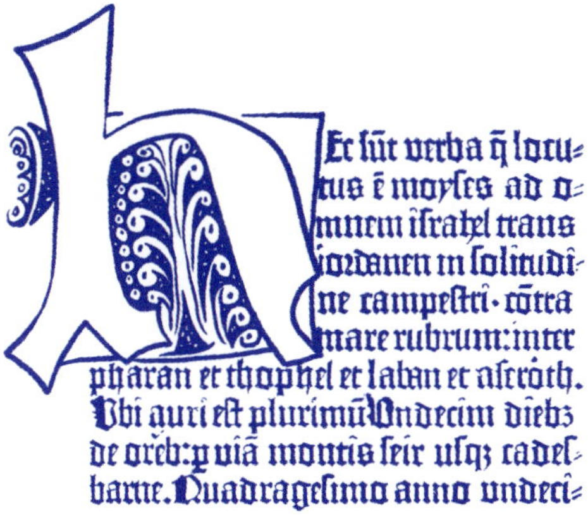

hEc sūt verba q̄ locu-
tus ē moyses ad o-
mnem israhel trans
iordanen in solitudi-
ne campestri· cōtra
mare rubrum: inter
pharan et thophel et laban et asceroth.
Ubi auri est plurimū. Undecim dieb;
de oreb: p viā montis seir usq; cades-
barne. Quadragesimo anno undeci-

Die gebrochene Schrift wurde im ältesten gedruckten Buch Europas verwendet: in einer Bibel, die 1455 von Johannes Gutenberg gedruckt wurde.

Der angesagte Karl

Die gebrochene Schrift gefiel den Italienern also nicht. Aber sie mochten alte Handschriften, zum Beispiel von den Griechen oder den Römern. Aber auch jene aus der Zeit von Karl dem Großen. Sie fingen an, diese Schrift wieder zu verwenden – auch in gedruckten Büchern. Und diese Mode schwappte auch in andere europäische Länder.

So wurden Karls kleine Buchstaben, zusammen mit den alten römischen Buchstaben an den Satzanfängen, die Grundlage für die Buchstaben, die wir immer noch verwenden. In **Deutschland** hielten sich die gebrochenen Schriften noch sehr lange. Bis ins zwanzigste Jahrhundert wurden vor allem gebrochene Schriften verwendet.

Rotkäppchen

Es war einmal eine kleine süße Dirne, die hatte jedermann lieb, der sie nur ansah, am allerliebsten aber ihre Großmutter, die wußte gar nicht, was sie alles dem Kinde geben sollte. Einmal schenkte sie ihm ein Käppchen von rotem Sammet, und weil ihm das so wohl stand und es nichts anders mehr tragen wollte, hieß es nur das Rotkäppchen.

Jetzt mach aber mal einen Punkt!

Jetzt sind wir fast am Ende unserer Reise angekommen: Wir haben nicht nur all unsere 26 Großbuchstaben, sondern auch unsere Kleinbuchstaben beisammen. Aber: Man schreibt nicht nur Buchstaben, sondern auch Punkte, Kommata und Fragezeichen. Woher kommen die eigentlich?

Satzzeichen

KommataLeerzeichenundApostrophesindeineziemlichpraktischeErfindung dennohneistsoeinTextganzschönschwierigzulesenoder. Wir nennen sie **Satzzeichen**, und sie machen das Lesen ein ganzes Stück einfacher: Es sind **Lesehilfen**.

Sie geben dir Hinweise, wie du einen Satz lesen musst.

?	**Dieser Satz ist eine Frage.**
!	**Dieser Satz muss laut und überzeugt enden.**
.	**Dieser Satz ist zu Ende.**
,	**Kurz warten.**
...	**Kurz warten ... jetzt wird es spannend ...**

Die ultimative Lesehilfe ist hier nicht aufgelistet: Das **Leerzeichen**. Das zeigt uns, wo das eine Wort zu Ende ist und wo das andere anfängt.

Auch Satzzeichen sind eine Erfindung

Vielleicht sind Leerzeichen und Punkte für dich so selbstverständlich, dass du denkst, es hätte sie schon immer gegeben. Aber das ist nicht der Fall. Genau wie unsere Buchstaben sind es Erfindungen. Die Ägypter hatten keine Leerzeichen. Die Griechen verwendeten sie teilweise, und die Römer wiederum gar nicht. Die birmanische Schrift verwendet auch heute keine Leerzeichen, genau wie die japanische.

Die Römer haben manchmal Punkte zwischen die Wörter gesetzt.

Im **Mittelalter** wurden Bücher noch per Hand geschrieben. Die Schriftsteller waren meistens Mönche. Nach und nach ließen sie **Platz zwischen den Wörtern**, damit der Text leserlicher wurde. Sie verwendeten unterschiedliche Zeichen, um anzuzeigen, dass ein Satz oder eine Passage vorbei war.

Die Punkte und Kommata, wie wir sie heute verwenden, kamen erst später dazu. Die verschiedenen Zeichen wuchsen zu einem System heran. Das hatte vor allem mit der Buchdruckkunst im 15. Jahrhundert zu tun.

Die Form des **Kommas** entstand vermutlich dadurch, dass mit einem flachen Pinsel ein Punkt gesetzt wurde.

Wo das **Fragezeichen** herkommt, ist … ein großes Fragezeichen! Eine Theorie besagt, ein Mönch aus dem Mittelalter habe über den Punkt einen Kringel gemacht, um eine Frage anzudeuten.

كيف حالك؟

מה שלומך?

Die hebräische und die arabische Schrift werden von rechts nach links geschrieben. Im Arabischen wird das Fragezeichen deshalb spiegelverkehrt verwendet, aber im Hebräischen nicht.

Im Spanischen markiert man auch den Anfang einer Frage mit einem Fragezeichen, allerdings wird es dann auf den Kopf gestellt.

¿Cómo estás?

!

Auch beim Ausrufezeichen wissen wir nicht wirklich, wo es herkommt. Vielleicht auch von Mönchen aus dem Mittelalter, die hinter einige Sätze ein *io* setzten, einen lateinischen Ausruf der Freude. Dabei schrieben sie die Buchstaben untereinander.

I
o

Der Punkt auf dem i

Hast du dich schonmal gefragt, warum wir eigentlich einen Punkt auf das i setzen? Auch dieser Punkt hat vermutlich einmal als Satzzeichen angefangen, um Texte leserlicher zu machen. In mittelalterlichen Handschriften war es manchmal schwierig, herauszufinden, wo der eine Buchstabe aufhörte und der andere anfing. Durch einen Punkt konnte man das i besser von anderen Buchstaben unterscheiden. Wir nennen diesen kleinen Punkt auch *Tüpfelchen*.

Ziemlich mutig das zu leſen

‽

Das Interrobang

1962 dachte sich der Amerikaner **Martin Specker** dieses praktische neue Satzzeichen aus. Damit konnte man angeben, dass etwas laut und fragend gesagt werden sollte, zum Beispiel „Was soll das denn jetzt?!“ oder „Hältst du das wirklich für eine gute Idee?!“ Er nannte es das Interrobang (das ist ein englisches Wort, es wird „Interobäng“ ausgesprochen). Der Erfolg blieb jedoch aus.

Das Alphabet der Zukunft

Wir haben gesehen, wie unser Alphabet in rund fünftausend Jahren zu dem geworden ist, was es jetzt ist. Es hat als bunt zusammengewürfelte Zeichensammlung angefangen und wurde nach und nach eine Sammlung von 26 Großbuchstaben, 26 Kleinbuchstaben und einigen Satzzeichen, die wir verwenden. Aber wie wird das Alphabet im Jahr 7022 aussehen, in fünftausend weiteren Jahren?

Vielleicht verschwinden einige Buchstaben. Das Q oder das X zum Beispiel. Von mir aus können die ruhig aussortiert werden. Vielleicht kommt ein 27. Buchstabe dazu. Vielleicht erfindest du diesen Buchstaben! Oder vielleicht verwenden wir gar keine Buchstaben mehr, sondern machen alles telepathisch. Das weiß niemand. Nur eines ist sicher: Nichts ist für die Ewigkeit. Also auch nicht unser Alphabet.

Wie ich mir da so sicher sein kann? Weil das Alphabet eine Erfindung ist, genau wie ein Auto, ein Kühlschrank oder ein Telefon. Und Erfindungen verändern sich mit uns mit. Überleg mal: Immer, wenn das Alphabet für eine neue Sprache verwendet wurde, standen die Buchstaben plötzlich für andere Laute. Neue Buchstaben kamen hinzu und andere wurden aussortiert. Und das Material, auf dem die Menschen geschrieben haben (Ton, Stein, Papyrus, Papier) beeinflusste nicht nur die Schreibrichtung, sondern auch die Form der Buchstaben.

Auch die Schreibumstände verändern sich ständig. Du liest und schreibst zum Beispiel viel mit deinem Computer (oder mit dem Tablet oder dem Smartphone), das haben deine Eltern früher nicht gemacht. Und durch das Internet gibt es viel mehr Kontakt zwischen Menschen aus unterschiedlichen Ländern, die unterschiedliche Sprachen sprechen und unterschiedliche Alphabete verwenden. Und das wird mit Sicherheit das Alphabet beeinflussen. Nicht vom einen auf den anderen Tag, aber bis 7022 dauert es ja auch noch ein bisschen ...

2. TEIL

LAUTE UND BUCHSTABEN

Wir wissen jetzt, wo die 26 Buchstaben unseres Alphabets herkommen. Es wird also Zeit, die Buchstaben genauer kennenzulernen! Denn mit Buchstaben bildet man **Wörter**. Oder, um genauer zu sein: Mit Buchstaben beschreibt man **Laute**, mit denen man Wörter bildet. Das A steht für den Laut „a“, das B für den „Laut b“, und so geht es weiter bis zum Z, das für den Laut „z“ steht. Ganz einfach, oder?

Hach ja ... würde es genau 26 Laute geben, genau einen für jeden Buchstaben, dann wäre die Sache wirklich einfach. Aber leider ist das nicht so, es gibt viel mehr Laute als Buchstaben. Oder viel weniger Buchstaben als Laute, das ist eine Frage der Perspektive. Und das ist nicht nur in der deutschen Sprache so, sondern auch in vielen anderen Sprachen, die das Alphabet verwenden.

Schauen wir uns mal an, was es damit auf sich hat. Dafür besuchen wir zuerst deinen Mund.

Sag mal AAA

Laute machst du mit deinem Mund, aber du benutzt auch deinen Hals, deine Zunge und deine Nase. Mach den Mund mal weit auf, und sag „a". Und leg jetzt die Lippen aufeinander und stoße etwas Luft aus: „b" oder „p". Manche Laute sind sehr schwierig, das „l" zum Beispiel. Das machst du, indem du deine Zunge gegen den Gaumen drückst, kurz vor deine Vorderzähne. Oder das „r", das du weiter hinten im Mund formst. Und wusstest du, dass du Laute machen kannst, ohne den Mund zu öffnen? Beim „m" oder „n" entweicht die Luft nicht durch den Mund, sondern durch die Nase!

Zungenbrecher

Nicht nur Laute sind in jeder Sprache unterschiedlich, sondern auch ihre Kombinationsmöglichkeiten. Was hältst du von dem tschechischen Satz *Strč prst skrz krk* („Steck einen Finger durch den Hals")? Oder von *Eyjafjallajökull 'ey-ja-fjat-la-jöh-kütlh'*. Das ist der Name eines **isländischen Vulkans**, der 2010 ausgebrochen ist, und den außer den Isländern niemand aussprechen konnte.

Laute der Welt

Jede Sprache hat ihre eigenen Laute. Manche sind ganz schön schwierig auszusprechen. Gelingt es dir?

ENGLISCH

Das „th" ist ein komplizierter Laut, und dann gibt es auch noch zwei Varianten davon!

***th**is:* stimmhaft, mit der Zunge an den Zähnen

***th**ing:* stimmlos, mit der Zungenspitze zwischen der oberen und der unteren Zahnreihe.

Sag mal: *The three free throws* (die drei freien Würfe)!

pain bon un

Für **Nasallaute** ist man in Frankreich an der richtigen Adresse! Die Wörter über diesem Satz enden alle mit einem solchen Laut.

FRANZÖSISCH

ARABISCH

Arabisch ist bekannt für seine **Kehllaute**. Das غ ist zum Beispiel ein Kehllaut. Man spricht es wie „cha" aus, als würde man gurgeln. Man hört ihn auch im R vom französischen Wort *merci*.

غزال (Gazelle): Spricht man wie „cha-SELL" aus

Im Spanischen wird das R oft gerollt. Wie man das R ausspricht, kann sogar die Bedeutung des Gesagten beeinflussen.
pero (aber), sprich: pe-ro
perro (Hund), sprich: pe-rrrro

SPANISCH

XHOSA

Uxolo bedeutet im **Xhosa** „Frieden". Xhosa ist eine Sprache aus dem Süden Afrikas. Das X in diesem Wort spricht man mit einem **Klicklaut** aus. Auch der Name Xhosa fängt mit einem solchen Klicken an. Einen Klicklaut erzeugt man, indem man die Zunge gegen die obere Zahnreihe legt und sie nach hinten zieht, als würde man ein galoppierendes Pferd nachmachen. Na, klappt es?

Chinesisch (oder besser gesagt: Mandarin) ist eine **Tonsprache**. Ein Laut wie das „a“ kann man auf vier verschiedene Arten aussprechen. Und diese verschiedenen Arten werden Töne genannt.

CHINESISCH

ā flach, wie in *ja*
á steigend, als würde jemand rufen, und du antwortest *ja*?
ǎ erst fallend und dann steigend, als würde dich jemand rufen, und du hast keine große Lust, zu antworten: *Ja-a-a-a a-h*?
à fallend, als würdest du endlich etwas begreifen: *Jaaah!*

Der richtige Ton ist wichtig: *mā* bedeutet Mutter, aber *mǎ* bedeutet Pferd!

Say aaa

Andere Sprachen können also ganz andere Laute haben. Aber oft sind es nicht die fremden Laute, die besonders schwierig sind. Stattdessen bereiten genau die Laute Schwierigkeiten, die nur leicht abweichen. Fast jede Sprache hat ein A, ein O und ein B, aber in jeder Sprache klingen sie etwas anders. Deshalb kann man an diesen Lauten zum Beispiel gut erkennen, ob jemand aus Frankreich oder aus England kommt.

Andersrum ist das natürlich auch so. Es ist für uns schwierig, die Laute einer anderen Sprache richtig auszusprechen. Ein Engländer spricht die folgenden vier Wörter jeweils anders aus. Kannst du das auch?

BAD
(SCHLECHT)

BED
(BETT)

BAT
(FLEDERMAUS)

BET
(WETTE)

Schibboleth

Weil sich die Laute der verschiedenen Sprachen so sehr unterscheiden, kann man damit auch herausfinden, ob jemand ein Muttersprachler ist oder nicht. Man kann Laute also als Codewörter einsetzen! Das nennt man **Schibboleth.** Ein bekanntes Beispiel ist das dänische **rødgrød med fløde** (Rote Grütze mit Sahne). Andere bekannte Schibboleths sind:

- **Der Papst pappt Pop-Plakate**
  wird von Bayern verwendet, um herauszufinden, wer nicht aus Bayern stammt.

- **Scheveningen**
  wird von Niederländern verwendet, um Deutsche zu entlarven

- **Red lorries, yellow lorries, red lorries, yellow lorries**
  wird von Engländern verwendet, um US-Amerikaner zu enttarnen

Die Laute der deutschen Sprache

Die Laute der **deutschen Sprache** kennst du natürlich. Für dich sind sie einfach, weil du sie als Kind gelernt hast. Darauf darfst du trotzdem stolz sein, denn die deutsche Sprache hat ein paar Laute, die für anderssprachige Menschen ganz schön schwierig sind. Denk nur an das „ch" von *Ich*, das „ü" in *Lücke* oder das „sch" bei *Fisch*.

Alle Laute auf einen Blick

Welche Laute gibt es im Deutschen? Das ist nicht so schwierig, oder? „a", „e", „u" und so weiter. Aber so einfach ist das gar nicht. Verschaffen wir uns mal einen Überblick:

Vokale					
Kurze Vokale		Lange Vokale		Diphtonge	
a	Affe	ā*	Ameise	ei	Eis
ä	Ägypten	ā̈	Käse	au	Auto
e	Ecke	ē	Esel	eu	Eule
i	Insel	ī	Igel		
o	Ochse	ō	Ofen		
ö	öffnen	ō̈	Öl		
u	Unterhose	ū	Ufo		
ü	Mücke	ṻ	Lüge		

*Der kleine Querstrich auf den Vokalen zeigt an, dass sie lang ausgesprochen werden.

Konsonanten	
l	Löwe
m	Maus
h	Hose
st	Stern
b	Banane
g	Gabel
d	Dinosaurier

Konsonanten	
s	Sonne
w	Wolke
j	Jojo
r	Roller
n	Nase
sch	Schere
sp	Spinne

Konsonanten	
p	Pilz
k	Koffer
t	Tor
z	Zahn
f	Fisch
v	Vogel
...ch	Dach/Milch

Konsonanten	
...e	Rose
...ie	Knie
...ng	Ring
...nk	Bank
...pf	Zopf

Das sind also alle Laute. Oder doch nicht? Es ist schwierig, wirklich alle Laute aufzuzählen. Wie spricht man die beiden E's in *Jeep* aus? Das ist doch viel eher ein „i", oder? Das E und das A in Jeans spricht man auch ganz anders aus. Und das O bei *Gourmet* wird gar nicht mitgesprochen.

Und was ist mit dem E in *Genre*? Das klingt ganz merkwürdig. Oder das Wort *Bonbon*. Die Laute in *Genre* und *Bonbon* nennen wir **Nasale**. Viele dieser zusätzlichen Laute finden wir in Lehnwörtern, wie zum Beispiel das „dsch" in *Jazz*.

Lehnwörter sind Wörter, die wir uns aus einer anderen Sprache geliehen haben (allerdings geben wir sie nicht mehr zurück). Im Deutschen gibt es viele Lehnwörter aus dem Französischen und Englischen. Deshalb gibt es bei uns auch Laute, die ursprünglich aus einer dieser Sprachen kommen. Aber wir haben sie übernommen und nutzen sie jetzt ganz normal. Und deshalb gehören sie mittlerweile irgendwie auch zur deutschen Sprache.

Harte CH's und das Giraffen-G

Kennen wir denn jetzt alle Laute der deutschen Sprache? Ja. Und ... Nein. Wir haben alle Laute kennengelernt, die zum **Hochdeutsch** gehören. Aber von Zürich über Wien und Köln bis nach Kiel werden die Laute ganz schön unterschiedlich ausgesprochen!

G

Beim Wort *Giraffe* kann man am G gut erkennen, ob jemand aus Österreich oder Deutschland kommt. Wird das G wie ein „dsch" oder ein normales „sch" (wie in *schnell*) ausgesprochen, dann spricht die Person österreichisches Hochdeutsch, wird das G wie ein normales „g" (wie in *Gabel*) ausgesprochen, kommt die Person sehr wahrscheinlich aus Deutschland.

CH

Noch deutlicher markiert das CH, wo jemand herkommt. So wird das CH als Anlaut (das ist der erste Laut des Wortes) auf Hochdeutsch als „ch" ausgesprochen (wie bei *Ich*) in Nord- und Mitteldeutschland hingegen jedoch oft als „sch". Das kann man gut bei den Wörtern China und Chemie beobachten, deren Anlaut im Süden Deutschlands und in Österreich als „k" ausgesprochen wird. In der Schweiz klingt der Laut dann nochmal anders, hier spricht man ihn oft als stimmloses „ch" aus (wie bei Buch).

R

Auch das R wird unterschiedlich ausgesprochen. Am häufigsten wird das R im deutschen Sprachraum als Zäpfchen-R ausgesprochen, das bedeutet, dass es hinten im Mund erzeugt wird, wie bei dem Wort Rose. Es gibt aber auch ein Zungenspitzen-R, bei dem das R gerollt wird. Das R wird vor allem in Bayern, in Franken, in ländlicheren Regionen Deutschlands, in Österreich und im deutschsprachigen Teil der Schweiz gerollt.

26 Buchstaben reichen nicht aus

Es gibt also viele verschiedene Laute. Im Deutschen, aber auch in allen anderen Sprachen. Deutsch umfasst ungefähr **vierzig Laute**, genau wie Englisch, Französisch oder Niederländisch. Aber wie war das noch gleich? Das Alphabet besteht doch nur aus 26 Buchstaben! Wie geht denn das?

Ein Welthit

Du erinnerst dich bestimmt daran, dass das Alphabet, das wir heute verwenden, das alte Alphabet der Römer ist. Nicht nur wir verwenden es. Es wird in den meisten europäischen Sprachen genutzt. Nur in Griechenland und in ein paar Ländern in Osteuropa gibt es andere Alphabete. Außerhalb von Europa wird dieses Alphabet auch in Nord- und Südamerika, in großen Teilen Afrikas, in Indonesien, Vietnam, den Philippinen, Neuseeland und Australien verwendet.

Das **römische Alphabet** ist also ein echter Erfolg – völlig zurecht: Es ist eine unglaublich praktische Erfindung. Allerdings wurde es für die lateinische Sprache entwickelt. Und dafür wurden nur 23 Buchstaben benötigt. Für alle Sprachen mit mehr Lauten mussten also kreative Lösungen gefunden werden.

Buchstaben wiederverwenden

Die einfachste Lösung ist es, einen Buchstaben nicht nur für einen Laut, sondern für mehrere Laute zu verwenden. Ein Buchstabe erfüllt also mehrere Aufgaben – das nennt man Multitasking!

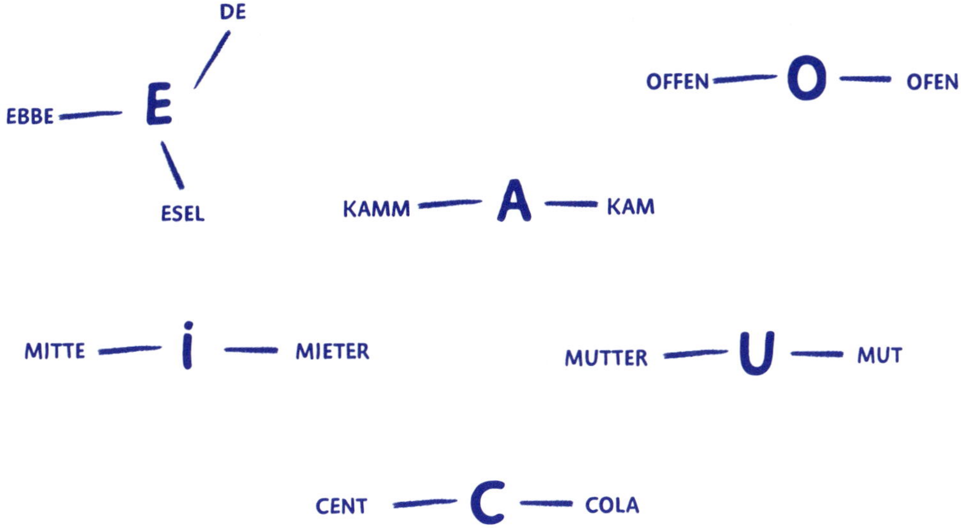

Buchstaben kombinieren

Laute kann man auch beschreiben, indem man mehrere Buchstaben nacheinander benutzt. Das machen wir im Deutschen ziemlich oft:

AU	HAUS	CH	LACHEN
IE	WIESE	NG	DING
EI	EIER	ST	STERN
EU	EULE	SCH	SCHLANGE

Buchstaben erfinden

Wenn man zu wenige Buchstaben hat, kann man doch einfach welche erfinden, oder? Im Mittelalter haben wir doch auch welche dazuerfunden: das J, das U und das W. Wir könnten uns also einen zusätzlichen Buchstaben für das unbetonte E ausdenken, für das sogenannte **Schwa**. Dieser Laut kommt zum Beispiel oft am Ende eines Wortes vor, wie bei bitte und Käse. Dafür könnten wir das Zeichen **ə** benutzen. Ist das nicht ein**ə** toll**ə** Idee?

Für die deutsche Sprache wurde schon ein neuer Buchstabe erfunden, das ß.

ß

Das **Eszett** wird vor allem in Deutschland und Österreich für ein scharfes S in Wörtern wie Soße verwendet, in der Schweiz wird der Buchstabe jedoch nicht benutzt. Das Eszett ist wahrscheinlich durch das Zusammenschreiben des Buchstabens ſ (eine Variante des Buchstabens S) und des Z entstanden. Lange gab es diesen Buchstaben nur als Kleinbuchstaben. Erst 2017 wurde das große **ẞ** ins deutsche Alphabet aufgenommen.

Und auch andere Sprachen haben ihrem Alphabet neue Buchstaben hinzugefügt:

å

Dieser skandinavische Buchstabe wird in Dänemark, Norwegen und Schweden verwendet. Man spricht ihn wie ein „oh" aus, wie in *båt* (Boot) und *kål* (Kohl).

ø

Ein anderer Buchstabe aus Dänemark und Norwegen ist das ø. Das klingt ungefähr wie unser Ö, zum Beispiel in *brød* (Brot) und *dør* (Tür). Das ø hat mal als oe angefangen. Später hat man das e, und vor allem den horizontalen Strich des Buchstabens, in das o geschrieben.

In Island gibt es zwei ganz besondere Buchstaben, das þ und das ð, wie in dem Namen *Guðrun* und in dem Wort *þorp* (Dorf). Der Buchstabe þ wird auch *thorn* genannt. Es handelt sich um eine alte **Rune**, die für den th-Laut steht, wie es ihn auch im Englischen gibt, zum Beispiel im Wort *thick*. Das ð heißt auch *eth* und klingt wie der englische th-Laut im Wort *the*.

ł

In **Polen** wird mit **Złotys** bezahlt. Das spricht man nicht „Slotties" aus, sondern „Swotte", also eher mit einem W. In Polen gibt es auch den Buchstaben W, aber der klingt eher wie ein V.

œ

Auch die **Franzosen** haben einen besonderen Buchstaben. Allerdings haben sie ein bisschen gemogelt, denn eigentlich haben sie einfach das O und das E kombiniert: œ. Er wird in Wörtern wie *sœur* (Schwester) und *œuf* (Ei) verwendet und klingt ein bisschen wie unser Ö.

ħ

Das **Maltesisch**, eine Sprache, die mit dem Arabischen verwandt ist, hat eine besondere Version des Buchstaben H: das ħ. Man spricht ihn wie ein hartes „ch" hinten im Hals aus, zum Beispiel in *saħħa*! (Tschüss).

Buchstaben schmücken

Es ist ein beliebter Trick, Buchstaben mit **Akzenten** oder anderen Zeichen zu schmücken, um mehr Buchstaben zu bilden, so wie beim é in *Café* oder beim ê in *fête*. Eigentlich ist das römische G auch ein Buchstabe, der schon existierte und dann geschmückt wurde: Er war ein C, und wurde mit einem Querstrich verziert. Und das gilt auch für das å, das ø und das ħ aus dem letzten Kapitel.

Häkchen, Striche, Bögen, Punkte und Kreise

HATSCHEK

š	sprich „sch"	Tschechisch	šaty (Kleid)
č	sprich „tsch"	Litauisch	ačiū (Dankeschön)′

PUNKT

ė	sprich „eh"	Litauisch	ėriukas (Lamm) „Eh-ri-u-kas"
ċ	sprich „tsch"	Maltesisch	ċaw! (Tschüss!) „tschau"
ż	sprich „dsch"	Polnisch	żyrafa (Giraffe) „dschieraffa"

ZIRKUMFLEX

ê sprich „äh“	Französisch	crêpe (Pfannkuchen)
î sprich „ie“	Französisch	île (Insel)
ŵ sprich „uh“	Walisisch	ŵy 'ui' (Ei)

TILDE

ñ sprich „nj“	Spanisch	niño (Kind)	„nien-jo“
ã nasal aussprechen	Portugiesisch	seleção (Auswahl)	„see-leh-sao“
õ sprich „oj“	Estisch	võib olla (vielleicht)	„vojb olla“

BREVE

ă sprich „ə“	Rumänisch	soră (Schwester)	„sor-ə“
ğ sehr weich	Türkisch	dağ (Berg)	„dah“

KROUŽEK ODER ÜBERKREIS

ů sprich „uh“	Tschechisch	růže (Rose)	„Ruhdscheh“

Dieses Zeichen befindet sich auch auf dem dänischen, norwegischen und schwedischen å.

CÉDILLE ⟵ **Das war ursprünglich ein kleines Z. *Cedilla* ist das spanische Wort für „kleines Z“.**

ç sprich „s“	Französisch	ça va? (Wie geht's?)	„sa VA?“
ş sprich „sch“	Türkisch	şiir (Gedicht)	„schiir“
ç sprich „tsch“	Albanisch	çaj (Tee)	„Tschai“
ņ sprich „nj“	Lettisch	deviņi (Neun)	„DEE-vien-jie“

OGONEK ⟵ **Polnisch für „Schwänzchen“**

ą sprich „oh“	Polnisch	dąb (Eiche)	„dohmb“

MAKRON ⟵ **Griechisch für „lang“**

ā sprich langes „a“	Lettisch	brāli (Bruder)	„braa-lie“
ū sprich „uh“	Littauisch	tūkstantis (Tausend)	„TUHK-stan-tis

AKUT

é sprich „eh“	Französisch	café (Kaffee)	
ó sprich „oh“	Ungarisch	óra (Uhr)	„ohra“
ś sprich „sch“	Polnisch	ślub (Hochzeit)	„schluhp“
ĺ sprich weiches „l“	Slovakisch	kĺúč (Schlüssel)	„kluhtsch“

GRAVIS

è sprich „ä" Französisch après (nach)

UMLAUT ← **Der Umlaut hat einmal als winziges E über einen Buchstaben angefangen. Im Deutschen ist er sehr gebräuchlich, aber er kommt auch in anderen Sprachen vor.**

ö	sprich „ö"	Ungarisch	öt (Fünf)	„ött"
ë	sprich „ü"	Albanisch	shëndet (Auf Wiedersehen)	„shün-DET"

Im Ungarischen gibt es auch die Variante ő. Sie steht für das lange Ö: őr „öhr" (Wächter)

Und der Gewinner ist …

Was Striche, Punkte, Bögen, Kreise und Häkchen angeht, kann wohl keine Sprache mit Vietnamesisch mithalten. Diese asiatische Sprache verwendet das lateinische Alphabet, aber ihr fehlten ein paar Buchstaben, weil Vietnamesisch viele Vokale hat und Töne verwendet, genau wie Chinesisch. Und deshalb mussten ein paar Akzente aushelfen …

ö, ü, ï, ë, ä: Umlaute und Tremas

Umlaute und Tremas sehen gleich aus: Es sind zwei Punkte auf einem Buchstaben. Aber sie haben eine andere Bedeutung. Die Punkte in den niederländischen Wörtern *zeeën* (Meere) oder *reünie* (Treffen) sind Tremas. Ein Trema markiert eine neue Silbe, sie hilft dir also dabei, herauszufinden, wie man ein Wort richtig ausspricht. Man sagt bei den Beispielwörtern also „see-en" und „re-ü-nie". Durch einen Umlaut wird der Laut eines Vokals verändert. Das Ä, das Ö und das Ü sind im Deutschen also eigenständige Laute.

IPA: Das perfekte Alphabet?

Jede Sprache verfolgt ein eigenes Prinzip, um Laute mit Buchstaben auszudrücken, schau dir nur mal das „sch" an:

Deutsch	sch	Schuh
	ch	Chance
Niederländisch	sj	sjaal (Schal)
	ch	chocola (Schokolade)
Englisch	sh	shop (Geschäft)
Tschechisch	š	šaty (Kleid)

Diese Unterschiede erschweren das Lernen und Vergleichen von Sprachen. Deshalb wurde Ende des 19. Jahrhunderts ein **neues Alphabet** erfunden: das *Internationale Phonetische Alphabet*. Meistens wird es mit den Buchstaben **IPA** abgekürzt.

Fohnetisch schraibän

Das Wort phonetisch zeigt an, dass es um die **Aussprache** geht. Wenn man genau so schreibt, wie man spricht, dann schreibt man **phonetisch**. Das IPA ist ein phonetisches Alphabet, weil jeder Laut in diesem Alphabet einen eigenen Buchstaben hat. Der Laut „sch" wird zum Beispiel immer durch das Zeichen ʃ dargestellt. Das IPA ist ein **internationales Alphabet**, weil es versucht, jedem Laut jeder Sprache der Welt ein eigenes Zeichen zu geben. Du ahnst bestimmt schon, dass man in diesem Fall mit 26 Buchstaben nicht besonders weit kommt.

Das IPA besteht aus **ungefähr hundert Zeichen** und ca. 50 Akzenten, Strichen und Bögen, die man mit diesen Zeichen kombinieren kann.

Das Wort Leseecke schreibt man mit vier identischen E's, obwohl man drei dieser E's unterschiedlich ausspricht. Im IPA schreibt man die E's mit eigenen Buchstaben, nur das zweite und das letzte E werden gleich ausgesprochen: ˈleːzəˌʔɛkə.

Und wusstest du, dass das G am Ende eines Wortes manchmal unterschiedlich ausgesprochen wird? Manche sagen „gruselich" und andere eher „gruselik". Deshalb gibt es dafür auch zwei verschiedene Schreibweisen: ˈɡʁuːzəlɪç ˈɡʁuːzəlɪk

Wer verwendet das IPA?

Das IPA wird hauptsächlich von Wissenschaftlern verwendet, die Sprachen und ihre Laute beschreiben und vergleichen wollen. Wenn nötig, wird das IPA erweitert. 2005 wurde zum Beispiel der Buchstabe ⱱ hinzugefügt, der für einen Laut steht, der in manchen Sprachen in Zentralafrika vorkommt. Der

Laut wird erzeugt, indem man die Unterlippe gegen die oberen Zähne drückt und sie dann kraftvoll nach außen schnellen lässt.
Wenn du eine andere Sprache lernen möchtest, ist das IPA außerdem eine praktische Aussprachehilfe. Deshalb begegnet man dem IPA oft in Wörterbüchern oder auf Seiten wie Wikipedia.

je t'aime	ʒə tɛm	Ich liebe dich
dziękuję	dʑɛkujɛ̃	Dankeschön

IPA – Ein Alphabet für alle?

Ein eigenes Zeichen für jeden Laut - das klingt doch nach dem perfekten Alphabet. Warum verwenden wir es dann nicht für die deutsche Sprache?

Ein Alphabet tauscht man nicht ohne Weiteres aus. Stell dir nur vor, was man alles anpassen müsste: Bücher, Gebäudeinschriften, Reklametafeln, Websites, Lehrmethoden, Tastaturen. Und alle müssten wieder zur Schule, um rund hundert Zeichen zu lernen. Das ist kein Klacks.

ˈʁʏsl̩

Außerdem ist es schwierig, das IPA zu lesen. Das klingt vielleicht komisch, weil man mit dem IPA genau so schreibt, wie man spricht, aber denk nur an den Laut „r". Den kann man ganz unterschiedlich aussprechen, und für all diese unterschiedlichen Aussprachemöglichkeiten gibt es IPA-Zeichen (r, ɹ, ʀ, ʁ, ɐ), die man gegen einen einzigen Buchstaben für das R in unserem Alphabet austauschen müsste. Das wäre ziemlich kompliziert und umständlich.

Buchstabieren

Deutsch hat mehr Laute als Buchstaben. Wie wir bereits gesehen haben, ist das schon schwierig genug. Aber mit den Buchstaben, die wir haben, gehen wir manchmal auch noch ziemlich schludrig um. Schau dir mal die folgenden Wörter an:

Eis	**Schokolade**	**Wirt**	**Cola**
Mais	**Chance**	**wird**	**Kobra**

liegen	**Boot**
Liter	**Not**
Keeper	**hohl**

In diesen Wörtern findet man immer wieder die **gleichen Laute**, die allerdings mit **unterschiedlichen Buchstaben** geschrieben werden. Ganz schön blöd, oder? Es wäre viel effizienter, wenn wir die wenigen Buchstaben, die wir haben, für einen einzigen Laut verwenden würden. Warum machen wir das nicht?

Schreiben wie man spricht

Du hast bestimmt schon öfter ein Diktat geschrieben, also kennst du diese Regel vielleicht schon: Schreib so, wie du sprichst. Oder besser gesagt: Schreib so, wie du deutlich sprichst.
Du schreibst also:

Ball
Kopf

Brett
Bücherregal — *also nicht Bücharegal*
Zwölf

Aber das gelingt uns nicht immer:

Man sagt	**aber man schreibt**
Pfert	Pferd
sie sahkt	sie sagt

In *Pferd* hört man deutlich das „t" am Ende, aber trotzdem schreibt man ein D. Bei sagt spricht man ein „k", schreibt aber ein G. Wir verwenden für den Laut „t" also nicht nur den Buchstaben T, sondern ab und zu auch den Buchstaben D. Und für den Laut „k" manchmal den Buchstaben G. Was steckt dahinter?

Wortfamilien gleich schreiben

Wir schreiben *Pferd* und sagt, weil dadurch das Lesen **einfacher** wird. Es ist nämlich praktisch, wenn das Wort in den unterschiedlichsten Situationen gleich aussieht. Man erkennt es dann schneller. Neben *Pferd* gibt es auch *Pferde* oder *Pferdestall*, und alle drei Wörter werden mit einem D geschrieben. Deshalb schreiben wir *Pferd* mit einem D.

Bei *sie sagt* ist es ähnlich. Wir möchten nämlich auch, dass unterschiedliche Wörter in ähnlichen Situationen **gleich geschrieben** werden. Was bedeutet das? Alle Verben in der 3. Person Singular (er/sie) erhalten die Endung -t, die an den Wortstamm gehängt wird. Wir schreiben also sie *lacht* und sie *tanzt*. Und eben auch sie sagt, denn der Wortstamm von *sagen* lautet *sag-*.

Leider funktioniert diese Regel nicht immer. Wir schreiben nämlich auch *sie läuft*, und nicht *sie lauft*. Und wir schreiben auch nicht *Häus*, obwohl wir *Häuser* schreiben.

Es war einmal ...

Warum schreiben wir **Spinne**, und nicht **Schpinne**? Das hat mit der Geschichte eines Wortes zu tun: der **Etymologie**. Früher wurde das SP wie ein „sp" ausgesprochen, doch dann kam es zu etlichen Lautverschiebungen, die dazu geführt haben, dass Laute anders ausgesprochen wurden. Die Schreibweise dieser Laute wurde jedoch nicht angepasst. Im Englischen und Niederländischen wird **spin** immer noch mit dem Laut „sp" ausgesprochen. Man kann an der Schreibweise dieses Wortes also immer noch die alte Aussprache erkennen.

Lehnwörter nicht verändern

Anders verhält es sich mit einem Wort wie *Chance*. Wir könnten stattdessen auch *Schanze* schreiben, aber das machen wir nicht. Auch das hat mit der Geschichte des Wortes zu tun: Dieses Wort haben wir aus dem Französischen übernommen. Und wenn wir Wörter aus anderen Sprachen übernehmen, verändern wir die Schreibweise meistens nicht:

Wir schreiben	**und nicht**
Scooter	Skuter
Computer	Kompjuter
T-Shirt	Ti-Schört
Fakir	Fakier

Buchstabieren bleibt schwierig

Buchstabieren ist kompliziert, weil manchmal nicht sofort deutlich ist, welche Regel man anwenden muss. Man sollte also oft so schreiben, wie man spricht, aber bei *Pferd* eben nicht (wegen *Pferde*). Trotzdem schreibt man *Haus* (trotz *Häuser*). Man schreibt *Spinne* und nicht *Schpinne*, weil das früher anders ausgesprochen wurde. Und man sagt *Dschiens*, aber man schreibt *Jeans*, weil das ein Lehnwort ist. Und *Oktober* ist auch ein Lehnwort, aber bei diesem Wort haben wir die Schreibweise dann doch angepasst (früher schrieb man *October*).

Majonäse & Ketschup!

Jetzt müssen wir mal über Mayonnaise und Ketchup sprechen. Diese leckeren Pommessoßen mag doch wirklich jeder! Aber Mayonnaise und Ketchup können Leute auch ganz schön auf die Palme bringen. Das hättest du nicht gedacht, oder? Das hängt mit der Frage zusammen, wie man die beiden Wörter schreiben soll.

Streit

Vor rund fünfundzwanzig Jahren, 1996, wurde eine neue Rechtschreibreform beschlossen. Das bedeutete, dass viele Wörter anders geschrieben werden sollten. Zu diesen Wörtern gehörten auch die Wörter *Mayonnaise* und *Ketchup*. Vor der Rechtschreibreform schrieb man die Wörter so:

Mayonnaise
Ketchup

Da es sich um Lehnwörter handelt, schrieb man die Wörter so, wie sie in der Sprache, aus der wir sie übernommen haben, geschrieben werden. *Mayonnaise* haben wir aus dem Französischen entlehnt, und *Ketchup* aus dem Englischen. Bei der **neuen deutschen Rechtschreibung** sollten Lehnwörter aber an die deutsche Rechtschreibung angepasst werden. Und deshalb sollten *Mayonnaise* und *Ketchup* ab 1998 so geschrieben werden:

> Bis in das späte 18. Jahrhundert hinein gab es keine **einheitliche deutsche Rechtschreibung**. Die Menschen haben größtenteils einfach so geschrieben, wie sie wollten. Deshalb gab es allerlei Varianten: älter/elter, fällen/vellen, tränken/trenken, neu/new, bei/bey .

Majonäse
Ketschup

Plötzlich sollten also viele Lehnwörter an die deutsche Rechtschreibung angepasst werden. Das betraf nicht nur die Wörter *Mayonnaise* und *Ketchup*, sondern zum Beispiel auch den *Grizzlybären*, der zum **Grislibären** werden sollte, oder den *Vandalismus*, der fortan mit W geschrieben werden sollte: *Wandalismus*. Aber auch die anderen Regeln sorgten für erboste Reaktionen, der *Tollpatsch* wurde früher nur mit einem L geschrieben, und bekam jetzt ein zweites dazu, *Haß* wurde zu *Hass* und so weiter.

Rechtschreibung ist eine Sache der Vereinbarung

Viele Menschen haben sich über die neuen Rechtschreibregeln, die noch viele weitere Änderungen vorsahen, tierisch aufgeregt. Einige Schriftstellerinnen und Schriftsteller und berühmte Persönlichkeiten sprachen sich öffentlich gegen die neue Rechtschreibung aus und mehrere Zeitungen boykottierten sie sogar. Die Reformgegner gingen vor Gericht, weil sie die Regeln wieder abschaffen wollten. Tatsächlich wurden die Regeln von 1996 im Jahr 2006 angepasst – und Mayonnaise und Ketchup mussten doch nicht Majonäse und Ketschup geschrieben werden. Viele der anderen neuen Regeln haben sich aber durchgesetzt..

Doch wer hatte eigentlich Recht? Diejenigen, die sich die neuen Regeln ausgedacht hatten, oder die Gegner der neuen Regeln? Die Antwort wird dich vielleicht überraschen: Niemand! Es gibt nämlich keine richtige Rechtschreibung für *Mayonnaise* und *Ketchup* oder andere Wörter. Du kannst das mit dem Straßenverkehr vergleichen. In Deutschland, der

Schweiz und Österreich fahren wir rechts, hier gilt der Rechtsverkehr, aber in Großbritannien und Japan fährt man links, hier gilt also der Linksverkehr. Wer fährt richtig? Alle. Oder niemand. Ob man rechts oder links fährt, hängt von der getroffenen Vereinbarung ab. Und ob man *Mayonnaise* oder *Majonäse* schreibt, ist auch eine Vereinbarung. **Rechtschreibregeln** sind Vereinbarungen.

Sauer … aber warum?

Wenn Rechtschreibung mit Vereinbarungen zu tun hat, warum werden Menschen dann sauer, wenn sie *Majonäse* schreiben sollen? Weil manche Leute die Schreibweise von *Majonäse* hässlich finden. Aber eigentlich ist das nur Gewöhnungssache. Die bösen Reaktionen haben oft nicht so viel mit Sprache zu tun, sondern mit anderen Sachen. Viele Menschen mögen Veränderungen grundsätzlich nicht. Oder sie haben das Gefühl, jemand will ihnen vorschreiben, was sie zu tun und zu lassen haben.

In der Schule bekommst du ein Ungenügend, wenn du zu viele Fehler im Diktat machst. Aber außerhalb der Schule zwingt dich niemand, die Rechtschreibregeln zu befolgen. Man muss kein Bußgeld bezahlen oder ins Gefängnis, wenn man jetzt doch *Majonäse* oder *Ketschup* schreibt. Duh cansd allso schraibn wi du wilsd!

Wenn du dich aber an die Rechtschreibregeln hältst, zeigst du, dass du die Regeln kennst. Und das kann die Meinung anderer Leute über dich beeinflussen. Das ist so ähnlich, wie wenn man ordentlich mit Messer und Gabel isst, statt einfach alles schmatzend in sich hineinzustopfen. Man hinterlässt dann einen anderen Eindruck.

Sprache im Wandel

Es ist also unglaublich schwierig, die richtige Schreibweise für eine Sprache zu finden. Dass die Sprache sich ständig im Wandel befindet, macht die Sache nicht einfacher!

Du sprichst anders als deine Oma und dein Opa

Die Menschen haben früher anders gesprochen als heute. Sie haben andere Wörter benutzt, die Sätze anders gebildet und sie haben die Wörter anders ausgesprochen. Vielleicht sprechen deine Oma und dein Opa auch schon ein bisschen anders als du. Das hat damit zu tun, dass sie die Sprache vor einem halben Jahrhundert gelernt haben und sich die Sprache in der Zwischenzeit verändert hat. Die Menschen der Zukunft werden auch anders sprechen als wir. Unsere Sprache befindet sich ständig im Wandel. Allerdings geschieht das immer so schleichend, dass man es selbst kaum bemerkt. Den **Sprachwandel** kannst du mit der Evolution vergleichen, vielleicht kennst du die aus dem Tierreich. Die **Evolution** beschreibt die Veränderungen, die Arten über Millionen von Jahren hinweg durchlaufen haben.

Bis sich die Sprache verändert, dauert es zwar auch lange, aber keine Millionen Jahre. Manchmal dauert es hundert Jahre, bis sich etwas verändert, manchmal geht es viel schneller. Dann kommen zum Beispiel neue Wörter dazu, und das geht ziemlich fix. Bestimmt gibt es Wörter, die du

und deine Freunde verwenden, die deine Eltern aber nicht benutzen. Und andersrum ist es genauso: Deine Eltern benutzen altmodische Wörter, die du nie im Leben verwenden würdest. Und wenn du und deine Freundinnen diese Wörter nicht mehr verwenden, sterben die Wörter aus, genau wie die **Dinosaurier.**

Eine langsame Veränderung stellen zum Beispiel weil-Sätze dar. Oft steht das Verb an der falschen Stelle: *Sie haben gelacht, weil sie* ***fanden*** *das witzig* statt *Sie haben gelacht, weil sie das witzig* ***fanden***. Sagst du das auch manchmal? Viele Leute meinen, dass es absolut falsch ist, wenn das *weil* auf diese Art verwendet wird, trotzdem wird es immer häufiger so benutzt. Und wenn das am Ende genug Menschen so machen, wird es irgendwann richtig. Aber bis es soweit ist, dauert es wohl noch eine Weile.

Die Rechtschreibung verändert sich nicht mit

Die Art, wie wir sprechen, verändert sich also. Das passiert ganz von selbst. Aber die Art, wie wir *schreiben*, verändert sich nicht von selbst.

Erinnerst du dich noch an die **Römer**? Die haben Cäsar mit einem „k" ausgesprochen: „kaisar". Ihr C stand also für den Laut „k". Aber die Aussprache der lateinischen Sprache veränderte sich nach und nach und irgendwann sagten die Menschen „tsesar". Das C stand also nicht mehr für den Laut „k", sondern für den Laut „ts". Und noch später sagte man „sesar" und das C stand für ein „s".

Und weißt du noch, dass das SP in *Spinne* früher wie ein „sp" ausgesprochen wurde, und nicht wie ein „schp"? Der „sp"-Laut hat sich also nach und nach zu einem „schp" verändert.

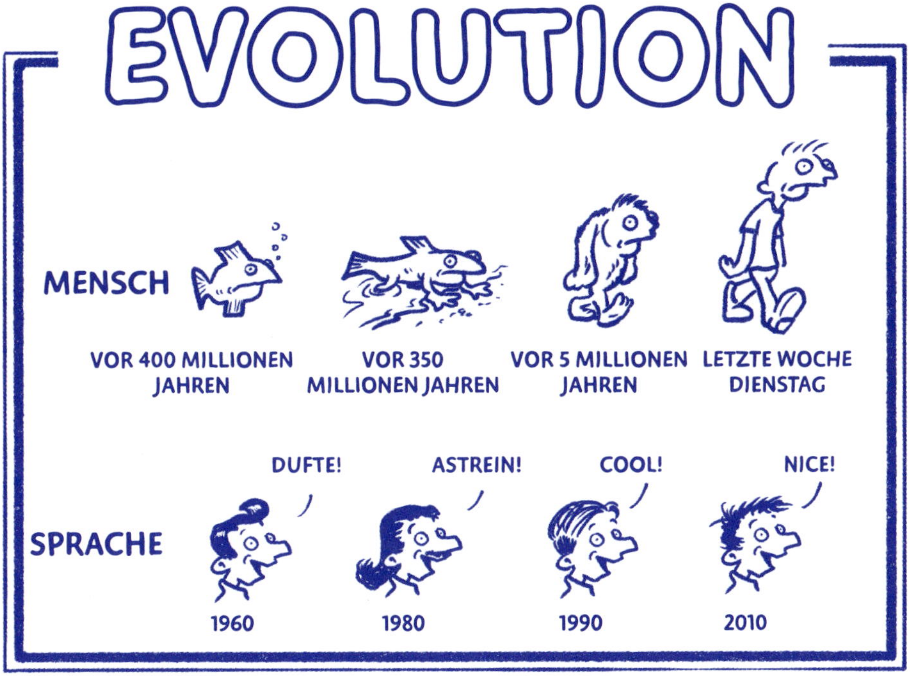

Wann wird die Rechtschreibung angepasst?

Die Römer hätten die Schreibweise natürlich anpassen können und *Cäsar* als *tsesar* und später als *sesar* schreiben können. Aber das haben sie nicht gemacht. Und als in Deutschland *Spinne* mit einem „schp" ausgesprochen wurde, hätten wir das auch so schreiben können: *Schpinne*. Aber das haben wir auch nicht gemacht.

Warum nicht? Einen Grund habe ich bereits genannt: Die Leute finden Rechtschreibregeln nervig. Sie müssen sich immer erst daran gewöhnen.

Ein anderer Grund hat damit zu tun, dass sich Veränderungen immer nur sehr langsam vollziehen. Es war nicht so, dass von einem Tag auf den anderen alle „Schpinne" statt „Spinne" gesagt haben. Wahrscheinlich fingen zuerst die Menschen in einem bestimmten Teil des Landes damit an, und am Anfang haben sie das vermutlich auch nicht bei allen Wörtern gemacht, die mit SP anfangen. Deshalb gab es eine lange Phase, in der beide Varianten benutzt wurden. Und so lange nicht jeder „schp" gesagt hat, wäre es nicht sinnvoll gewesen, die Schreibweise anzupassen.

Denk nur mal an die Aussprache des **G** am Ende von Wörtern. Im Norden und Westen Deutschlands, aber auch in Teilen Mitteldeutschlands, wird es oft wie ein „ch" ausgesprochen: *Der Zuch kommt!* Im Süden Deutschlands wird es als „k" gesprochen: *Der Zuk kommt!* Wir wissen nicht, wie sich die Aussprache des G weiterentwickeln wird, also ist es sinnvoller, erstmal weiter das G am Wortende zu verwenden.

Wörter als Fossilien

Schau dir mal ganz genau dieses englische Wort an:

knight

Vielleicht weißt du, dass es „Ritter“ bedeutet. Man spricht es aber anders aus als man es schreibt:

‘nait’

Also ohne das „k“. Genau wie bei *knee* (Knie). Aber man schreibt ein K. Das ist ganz schön merkwürdig. Im letzten Kapitel hast du erfahren, dass Sprachen immer im Wandel sind, dass sich die Schreibweise aber nicht immer mitverändert. So ist das auch bei dem Wort *knight*. Man schreibt es mit einem K, weil die Engländer es vor langer Zeit mit einem „k“ ausgesprochen haben.

Knight schreibt man auch mit GH. Und das spricht man auch nicht aus. Seufz. Man schreibt es mit GH, weil die Engländer es vor langer Zeit so ausgesprochen haben. Es klang damals wie „knicht". Mit einem ch-Laut, wie in *Ach*, und einem i-Laut. Vielleicht kannst du dir jetzt denken, warum die englische Rechtschreibung keinen guten Ruf hat.

Möglicherweise kommt dir die alte Aussprache „knicht" bekannt vor. Sie erinnert an ein deutsches Wort: *Knecht*. Das ist kein Zufall. Die Wörter *knight* und *Knecht* sind verwandt. Das verrät uns die Schreibweise!

***Knight* und *Knecht* bedeuteten früher beide „Diener". Der *knight* ist im Laufe der Zeit also ordentlich befördert worden!**

Geschwistersprachen

Auch im Niederländischen gibt es das Wort *knecht*, und auch dieses Wort ist mit dem englischen *knight* und dem deutschen *Knecht* verwandt. Und in diesen drei Sprachen gibt es noch viel mehr Wörter, die sich sehr ähnlich sind:

MUTTER
MOEDER
MOTHER

MOND
MAAN
MOON

ZWEI
TWEE
TWO

Diese Wörter zeigen, dass die Sprachen Deutsch, Englisch und Niederländisch miteinander **verwandt** sind. Man kann sie als Geschwister ansehen: sie haben die gleichen Eltern: das **Westgermanisch**.

Eine Großfamilie

Man kann also erkennen, ob Sprachen miteinander verwandt sind, wenn man vergleicht, wie viele Wörter einander ähneln. Nach diesem Prinzip kann man die deutsche Sprache auch mit dem Schwedischen, dem Finnischen oder dem Farsi (Persisch) vergleichen, das im Iran gesprochen wird:

DEUTSCH	SCHWEDISCH	FINNISCH	FARSI
Mutter	mor	äiti	mâdar
Mond	måne	kuu	māh
zwei	två	kaksi	do
neu	ny	uusi	now
Name	namn	nimi	nām

Farsi wird normalerweise mit arabischen Schriftzeichen geschrieben. Hier wurden die Wörter der Einfachheit halber durch Buchstaben des lateinischen Alphabets ersetzt.

Man kann sehen, dass Schwedisch der deutschen Sprache ähnelt. Schwedisch und Deutsch sind sozusagen Cousins. Beide sind germanische Sprachen, aber Deutsch ist eine westgermanische Sprache, und Schwedisch ist eine nordgermanische Sprache.

Aber Finnisch ähnelt der deutschen Sprache überhaupt nicht! Nur *nimi* klingt noch ein bisschen wie *Name*. Finnland gehört zwar zu Skandinavien, aber Finnisch ist nicht mit den anderen skandinavischen Sprachen oder dem Deutschen verwandt. Es ist keine germanische Sprache. Finnisch gehört zu einer ganz anderen **Sprachfamilie**, zu der auch Ungarisch gehört.

Farsi, die Sprache aus dem Iran, ähnelt der deutschen Sprache allerdings überraschend stark. Sie ist entfernt mit dem Deutschen verwandt. Diese große Sprachfamilie nennen wir Indogermanisch oder Indoeuropäisch. Dazu gehören die germanischen Sprachen, aber auch die slawischen Sprachen wie Polnisch und Russisch, die romanischen Sprachen, wie Französisch und Spanisch, und viele der Sprachen, die im Iran, in Pakistan, Afghanistan und Indien gesprochen werden.

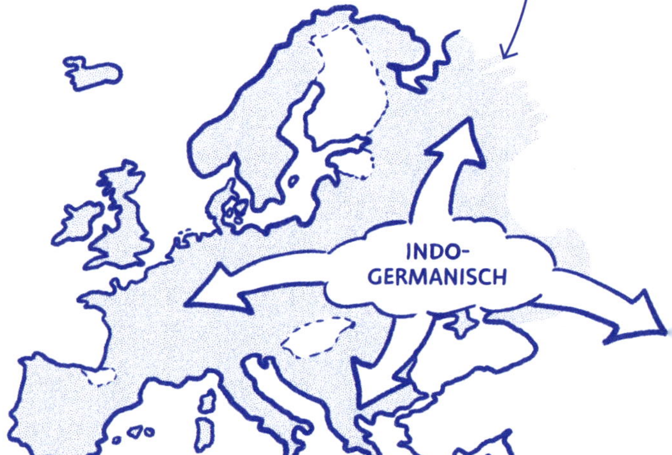

Wenn man untersucht, ob Sprachen verwandt sind, lernt man viel über die Geschichte – zum Beispiel darüber, wie sich die Völker über die Jahrhunderte hinweg über die Welt verteilt haben. Die indogermanischen Sprachen stammen von einer Sprache ab, die vor 6000 Jahren von einem Volk gesprochen wurde, das am Schwarzen Meer lebte. Dieses Volk hat sich über Europa und einen Teil von Asien verbreitet.

Die Brüder Grimm kennst du bestimmt von ihren Märchen. Aber sie sind auch für ihre Forschung zum Thema Sprache und Sprachwandel bekannt. Nach ihnen wurde sogar ein Gesetz benannt: Das **Grimmsche Gesetz**! Dieses Gesetz handelt von **Lautverschiebungen** in germanischen Sprachen. Dabei geht es zum Beispiel darum, dass sich der Laut „p“ in einem Wort wie *Vater* in einen f-Laut verändert hat. Im Lateinischen heißt es nämlich *pater*.

Genau wie bei *knight* und *Knecht* bekommen die gleichen Wörter manchmal eine andere Bedeutung. Das führt zu lustigen Unterschieden:

Deutsch	**Schwedisch**
Semester	*semester*
Studienhalbjahr	*Urlaubszeit*

Deutsch	**Niederländisch**
schlimm	*slim*
ungut	*intelligent*

Deutsch	**Englisch**
brav	*brave*
gehorsam	mutig

3. TEIL

AUF ALPHABET-ENTDECKUNGS-REISE

Wir haben uns auf eine Zeitreise begeben, um herauszufinden, wo unser Alphabet herkommt. Unser Alphabet, das wir von den Römern übernommen haben, ist ein unglaublich beliebtes Alphabet: Es wird von mehr als zwei Milliarden Menschen verwendet. Das ist eine Riesenmenge. Aber das bedeutet auch, dass es sechs Milliarden Menschen gibt, die ein anderes Alphabet verwenden!

Von manchen anderen Alphabeten hast du bestimmt schon mal gehört, zum Beispiel vom chinesischen oder arabischen Alphabet. Aber kennst du auch das kyrillische Alphabeth? Oder das koreanische Alphabet, das Hangul heißt, oder die Cree-Schrift? Andere Alphabete haben nicht nur andere Buchstaben, sondern funktionieren oft ganz anders als wir es gewohnt sind. Du wirst überrascht sein, was alles möglich ist. Wir begeben uns jetzt auf eine neue Reise, um uns all die Alphabete genauer anzusehen. Wir machen eine Weltreise!

Hebräisch

Wir beginnen unsere Reise in **Israel**, wo **Hebräisch** die offizielle Sprache ist. Im Hebräischen schreibt man Hallo so:

Man spricht es wie „Schalom" aus, was eigentlich „Frieden" bedeutet. Die hebräische Sprache hat ein eigenes Alphabet, das אָלֶף-בֵּית. Das spricht man „Alef-bet" aus.

„Alef-bet" sieht fast so aus wie „Alphabet". Das kann doch kein Zufall sein! Schau dir mal die Namen der Buchstaben an:

ALEPH	**ZAJIN**	**MEM**	**Q̣OPH**
BETH	**CHET**	**NUN**	**RESCH**
GIMEL	**TET**	**SAMECH**	**SIN, SCHIN**
DALETH	**JOD**	**AJIN**	**TAW**
HE	**KAPH**	**PE**	
WAW	**LAMED**	**TZADE**	

Die Namen und die Reihenfolge der Buchstaben des hebräischen Alphabets gleichen dem phönizischen Alphabet wie ein Ei dem anderen! Erinnerst du dich noch? Das Phönizisch ist das **Uralphabet**, der Vorläufer des griechischen und des lateinischen Alphabets - also von genau den Buchstaben, die wir beide heute verwenden. Aber es ist auch ein entfernter Verwandter der hebräischen Sprache.

Väterchen Aramäisch

Aus der phönizischen Schrift entstand nicht nur das griechische Alphabet, sondern auch ein anderes: das **aramäische Alphabet**. Und vom aramäischen Alphabet wurde wiederum das hebräische Alphabet abgeleitet.

Das aramäische Alphabet wurde verwendet für ... Aramäisch. Das ist eine Sprache, von der du vielleicht noch nie gehört hast. Eine kleine Gruppe in Syrien spricht sie auch heute noch. Aber vor rund 2500 Jahren war das die wichtigste Sprache im **Nahen Osten**: Aramäisch war die offizielle Sprache des großen Assyrischen Reichs, das sich von der heutigen östlichen Türkei bis zum Iran erstreckte! Einen bekannten Aramäischsprecher von damals kennst du bestimmt: **Jesus von Nazareth**.

Wenn du die hebräischen Buchstaben mit den phönizischen vergleichst, erkennst du bestimmt schnell, dass sie **verwandt** sind. Vor allem die Namen ähneln einander, aber auch die Buchstabenanzahl, die Reihenfolge und einige Formen sind ähnlich. Hebräisch hat viel mehr Ähnlichkeiten mit dem phönizischen Alphabet als unser lateinisches Alphabet!

Hebräisch	Aleph	Beth	Gimel	Daleth	He	Waw	Zajin
	א	ב	ג	ד	ה	ו	ז
Phönizisch	Aleph	Beth	Gimel	Daleth	He	Waw	Zajin
	𐤀	𐤁	𐤂	𐤃	𐤄	𐤅	𐤆

Hebräisch	Chet	Tet	Jod	Kaph	Lamed	Mem	Nun
	ח	ט	י	כ	ל	מ/ם*	נ/ן*
Phönizisch	Chet	Tet	Jod	Kaph	Lamed	Mem	Nun
	𐤇	𐤈	𐤉	𐤊	𐤋	𐤌	𐤍

Hebräisch	Samech	Ajin	Pe	Tzade	Qoph	Resch	Sin	Taw
	ס	ע	פ/ף*	צ/ץ*	ק	ר	ש	ת
Phönizisch	Samech	Ajin	Pe	Tzade	Koph	Resch	Schin	Taw
	𐤎	𐤏	𐤐	𐤑	𐤒	𐤓	𐤔	𐤕

*** Die zweite Form verwendet man nur am Ende eines Wortes.**

Lesemütter

Hebräisch schreibt man genau wie Phönizisch von rechts nach links. Der erste Buchstabe von „Schalom", שלום, ist also das ש, dann kommt das ל, das ו und das ם. Und genau wie Phönizisch ist Hebräisch ein Alphabet ohne Vokale. Man schreibt also eigentlich „Schlm" und nicht „Schalom":

←

ש ל ו ם

SCH L V M

Aber was macht das ו in dem Wort שלום ? Das ist der Buchstabe Waw, der für ein V oder W verwendet wird. Und trotzdem sagt man nicht „Schalvm“. Wie kommt das?

Manche Buchstaben verwendet man im Hebräischen auf zwei Arten: als Konsonanten oder als Vokal. Aleph ist einerseits der Kehllaut, der zum Beispiel am Anfang von „Apfel“ zu hören ist, aber man kann ihn andererseits auch für das lange „a“ verwenden. So ein besonderer Konsonant heißt Lesemutter, fachsprachlich nennt man ihn Mater lectionis.

	ALEPH	WAW	JOD
BUCHSTABE	א	ו	י
ALS VOKAL	AA	O/U	I/E

Vokale können aber auch mithilfe von Punkten dargestellt werden. Vielleicht hast du sie vorhin schon im Wort אָלֶף-בֵּית ('alef-bet'). entdeckt. Und auch שלום kann man mit Punkten schreiben. Du weißt jetzt, dass das ו in „Schalom“ für das „o“ steht. Aber das „a“ fehlt immer noch. Das erhält man, wenn man שלום als שָׁלוֹם, schreibt, mit einem zusätzlichen Punkt auf dem ש und einem kleinen T unter dem ש.

שֶׁמֶשׁ

„SCHEMESCH“
(SONNE)

Der Punkt oben auf dem ש zeigt an, dass der Buchstabe „sch“ ausgesprochen wird, und nicht „s“: שׁ. Das kleine T bedeutet, dass man nicht „sch“ sagt, sondern „scha“: שָׁ.

Es gibt verschiedene Zeichen, die man auch für andere Buchstaben verwendet, um den Laut zu verändern:

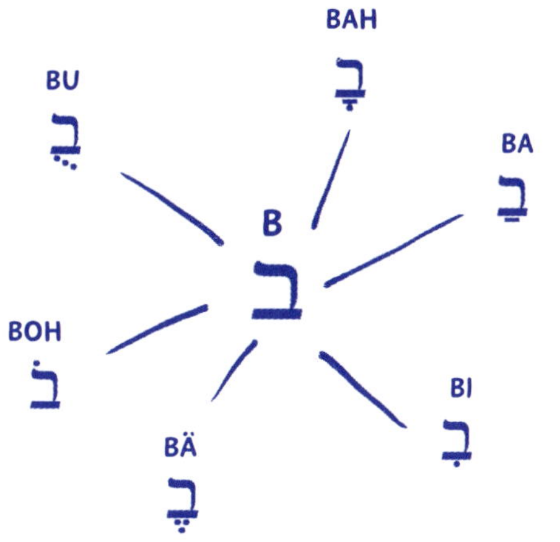

Eine Uhr mit Buchstaben

Die ersten zehn Buchstaben des Alefbet stehen auch für die Zahlen 1 bis 10. Heute wird dieses System kaum noch verwendet, aber ab und zu begegnet man den Buchstabenzahlen immer noch, zum Beispiel auf **Uhren**.

Arabisch

Von Israel reisen wir weiter durch den Nahen Osten. Weißt du, wie man *Hallo* auf **Arabisch** sagt? Zum Beispiel so:

Das spricht man „as-salamu alaikum" aus und das bedeutet „Friede sei mit dir". Findest du nicht auch, dass „Salam" dem hebräischen „Schalom" ähnelt? Das ist kein Zufall: Arabisch und Hebräisch sind verwandt. Sie gehören zu den **semitischen Sprachen**. Und nicht nur die Sprachen, sondern auch ihre Alphabete sind verwandt.

Eine Großfamilie

Wir haben gesehen, dass das hebräische Alphabet, genau wie unser lateinisches Alphabet, vom **phönizischen Alphabet** abstammt. Aus dem phönizischen Alphabet entwickelte sich das **aramäische Alphabet**, das vor ungefähr 2500 Jahren im Assyrischen Reich verwendet wurde. Und das aramäische Alphabet ist der Vorläufer des hebräischen Alphabets, aber auch des arabischen Alphabets.

Auf den ersten Blick sehen sich die hebräischen und die arabischen Buchstaben nicht besonders ähnlich. Wenn man aber genau hinsieht, kann man ein paar Ähnlichkeiten entdecken. Das ش. zum Beispiel, der erste Buchstabe von „Schalom“, hat auch im Arabischen die typische W-Form, allerdings mit einem zusätzlichen Bogen: ش. Aber man kann vor allem von den Namen der Buchstaben die phönizische Herkunft ableiten:

PHÖNIZISCH	ARABISCH
ALEPH	ALIF
BETH	BĀ
GIMEL	DSCHĪM
DALETH	DĀL

Das komplette Alphabet sieht so aus:

ا	ب	ت	ث	ج	ح	خ	د	ذ	ر
ALIF	BĀ	TĀ	THĀ	DSCHĪM	HĀ	CHĀ	DĀL	DHĀL	RĀ
ز	س	ش	ص	ض	ط	ظ	ع	غ	ف
ZĀIN	SĪN	SCHĪN	SĀD	DĀD	TĀ	ZĀ	ʿAIN	GHAIN	FĀ
ق	ك	ل	م	ن	ه	و	ي	ء	
QAF	KĀF	LĀM	MĪM	NŪN	HĀ	WĀW	YĀ	HAMZA	

Zusammen schreiben

Hier steht *Ich* auf Arabisch. Man spricht es „AH-na“ aus, und man schreibt es so (von rechts nach links!) :

انا

Kannst du die Buchstaben des Wortes in der Buchstabenliste der letzten Seite wiederfinden? Das ist ganz schön schwierig. Der erste Buchstabe ist noch machbar: ا , das Alif. Aber was ist das für ein Buchstabe danach, نا ?

Das نا kannst du in der Liste nicht finden, weil es eigentlich zwei Buchstaben sind: das Nūn ن und das Alif ا . Wenn man die Buchstaben des Wortes انا einzeln schreibt, sieht das so aus:

←

ا ن ا

A N A

Aber weil das ا und das ن hintereinanderstehen, schreibt man sie im Arabischen aneinander, und das sieht dann so aus:

←

انا

AN A

Das gleiche passiert auch bei einem Wort wie „Salam“ (Friede):

س ل ا م　　　　سلام

getrennt　　　　**zusammen**

Arabische Buchstaben schreibt man also zusammen. Das ist nichts Besonderes, das machen wir mit unseren Buchstaben auch. Und auch bei uns wird dadurch die Form der Buchstaben leicht verändert. Arabisch wird allerdings immer zusammengeschrieben, nicht nur, wenn man mit der Hand schreibt, sondern auch in Büchern und auf Websites.

zusammen

Keine Vokale

Arabisch schreibt man wie Hebräisch ohne Vokale. Jedenfalls meistens. Genau wie im Hebräischen gibt es Möglichkeiten, die Vokale doch zu schreiben. Das Alif zum Beispiel, ا, wird oft für ein A verwendet, wie man es eben bei „ana“ sehen konnte. Und mithilfe von Punkten, Strichen und Häkchen kann man bei Buchstaben die Vokalart anzeigen.

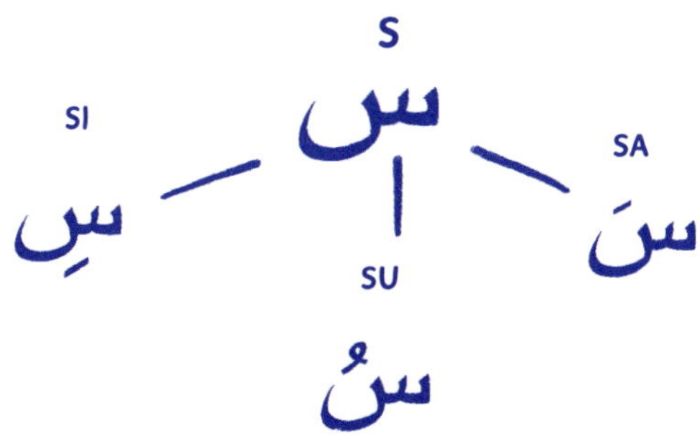

Arabisch ist nicht gleich Arabisch

Die **arabische Schrift** darf man nicht mit der **arabischen Sprache** verwechseln. In manchen Ländern wird die arabische Schrift verwendet, aber die Menschen sprechen eine ganz andere Sprache. Denk nur an unser eigenes Alphabet: Eigentlich ist es ein Alphabet für das Latein, aber wir verwenden es auch, genau wie es in Polen und Vietnam verwendet wird, obwohl dort ganz andere Sprachen gesprochen werden.

Im Iran wird zum Beispiel **Farsi** (Persisch) gesprochen. Und vielleicht weißt du noch, dass das eine indogermanische Sprache ist, die zur Sprachfamilie der europäischen Sprachen gehört. Und trotzdem verwenden die Menschen im Iran die arabische Schrift - allerdings mit ein paar zusätzlichen Buchstaben. Genau wie im Dänischen das lateinische Alphabet durch den Buchstaben å ergänzt wurde, und das deutsche Alphabet um das ß erweitert wurde.

In der Türkei wurde früher das arabische Alphabet verwendet. Seit 1929 wird dort stattdessen das lateinische Alphabet benutzt..

Kyrillisch

Wenn wir vom Nahen Osten gen Norden reisen, landen wir in Russland. Dort wird das kyrillische Alphabet benutzt. Das sieht so aus:

1. Guten Tag 2. Wie geht's? 3. Hallo 4. Hallo 5. Dada

Das kyrillische Alphabet, mit der Aussprache der Buchstaben, sieht so aus:

А	Б	В	Г	Д	Е	Ё	Ж	З	И	Й
A	B	V	G	D	JE	JO	DSCH	Z	E	J
К	Л	М	Н	О	П	Р	С	Т	У	Ф
K	L	M	N	O	P	R	S	T	U	F
Х	Ц	Ч	Ш	Щ	Ъ	Ы	Ь	Э	Ю	Я
CH	TS	TSCH	SCH	SCHSCH	*	Y	*	Ä	JU	JA

*** Diese Buchstaben haben keinen eigenen Laut, aber beeinflussen die Aussprache des vorangegangenen Buchstabens.**

Das ist das Alphabet, das in Russland verwendet wird. **Kyrillisch** wird auch in vielen anderen Ländern benutzt, zum Beispiel in Bulgarien, Belarus, der Ukraine und Nordmazedonien. Diese Länder haben oft eine eigene Alphabetversion mit zusätzlichen Buchstaben.

Zar Simeon wünscht sich ein neues Alphabet

Kyrillisch wurde im neunten Jahrhundert im Auftrag von **Simeon I.**, dem Zar des Bulgarischen Reiches, entworfen.

Dir ist bestimmt schon aufgefallen, dass das Kyrillisch unserem Alphabet nicht ganz unähnlich ist. Das hat damit zu tun, dass die Erfinder des Kyrillisch für das neue Alphabet bereits existierende Buchstaben von anderen Alphabeten benutzt haben. Sie haben zum Beispiel **griechische Buchstaben** übernommen:

А В Г П Р Ф Х Y

Das kyrillische P ist also das griechische P, und das ist eigentlich unser R. Das **Ф** ist das F und das **X** ist das CH.

Doch die griechischen Buchstaben reichten den Erfindern nicht aus. Das Alphabet, das sie erstellen mussten, war für eine slawische Sprache gedacht. Und slawische Sprachen haben auch

Laute wie „sch“ und „ts“, für die es im Griechischen keine Buchstaben gibt.

Für diese Laute haben sie wiederum andere bereits existierende Buchstaben aus einem anderen Alphabet einer slawischen Sprache genommen. Für das „sch“ haben sie das **Ш** genommen und für das „ts“ das **Ц**.

Kommt dir das **Ш** („sch“) bekannt vor? Das kann schon sein - das stammt nämlich vom hebräischen ש (dem Schin)!

So sah das slawische Alphabet aus, das dem Kyrillisch als Vorbild diente:

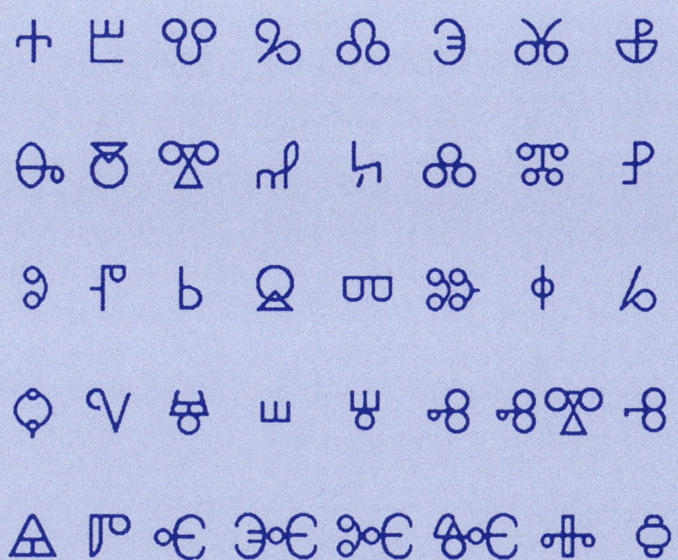

Das kyrillische Alphabet wurde von zwei Brüdern erfunden: **Method und Kyrill.** Daher kommt der Name *Kyrillisch*!

Alphabete und Politik

Welches Alphabet ein Land benutzt, hängt manchmal mit der **Politik** zusammen. Dafür ist Kyrillisch ein gutes Beispiel.

2017 beschloss der **Präsident von Kasachstan**, im Jahr 2025 vom kyrillischen zum lateinischen Alphabet zu wechseln. Kasachstan war lange kein unabhängiges Land, sondern gehörte zur **Sowjetunion**. Deshalb verwendet es das kyrillische Alphabet, das in der Sowjetunion verwendet wurde. Jetzt will Kasachstan sich westlicher ausrichten, und im Westen wird meistens das **lateinische Alphabet** benutzt. Auch Usbekistan und Aserbaidschan benutzen das lateinische Alphabet, seit sie von der Sowjetunion unabhängig sind.

Südostasien

Wir reisen von Russland weiter in den Süden Asiens, in das Land **Myanmar**. Dort spricht man Birmanisch, das mit der **birmanischen Schrift** geschrieben wird. Das hier ist ihr Buchstabe H:

ဟ

Mit H meine ich die ganze Silbe „HA“, denn im Birmanischen steht das ဟ nicht für das H, sondern für die Silbe „ha“.

Eigentlich könnten wir auch einfach H statt Ha schreiben. Unser H wird schließlich auch wie „ha“ ausgesprochen. Wir könnten auch T statt Tee aufsetzen. Aber trotzdem benutzen wir unsere Buchstaben nicht nach diesem Prinzip. In Myanmar wird das aber so gemacht!

Birmanische Silbenbuchstaben

Im Birmanischen stehen alle Buchstaben des Alphabets für Silben. Und diese Silben bestehen immer aus einem Konsonanten und einem Vokal.

က	စ	ည	တ
KA	SA	NJA	TA

Wenn man statt einem A ein I oder ein U braucht, kann man den Buchstaben mit einem Zusatzzeichen, das oberhalb oder unterhalb des Buchstabens angebracht wird, verändern:

က	ကိ	ကု
KA	KI	KU
စ	စိ	စု
SA	SI	SU
ည	ညိ	ညု
NJA	NJI	NJU
တ	တိ	တု
TA	TI	TU

Eine neue Schrift für die deutsche Sprache?

Ein ganz schön praktisches System, oder? Sollen wir mal mit unseren eigenen Buchstaben birmanisch schreiben? Wir benutzen dann nur die Konsonanten und zeigen die Vokale durch zusätzliche Zeichen an. Dann steht das **O** für das „i", das **L** für das „u", das **ɵ** für das „e" und das **Ͻ** für das „o":

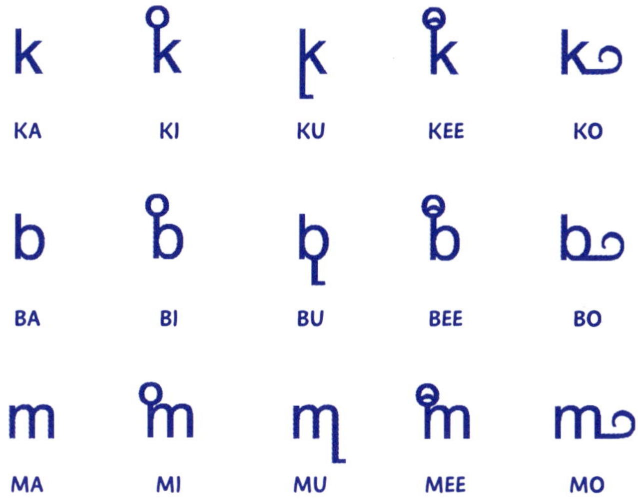

Kannst du lesen, welche Wörter hier stehen?

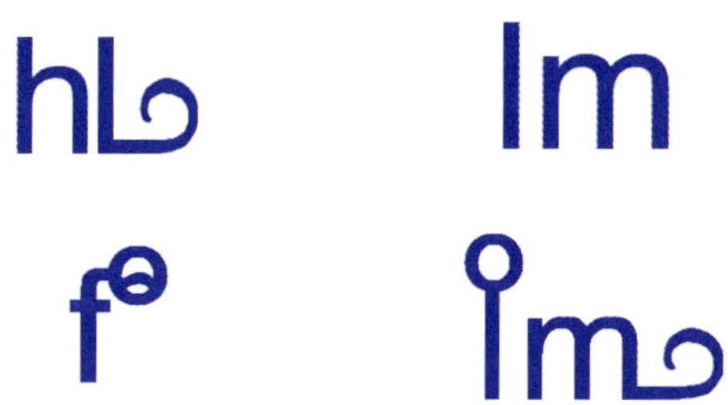

Ein System, wie das der birmanischen Sprache, funktioniert gut bei Sprachen, die viele **offene Silben** haben (ba, ta, wie, so, mu etc.). In einer Sprache wie der deutschen, die viele geschlossene Silben hat (*Ball, Moos*), und in der viele Konsonanten nacheinander stehen können, wie in *springen* und *Herbst*, funktioniert es weniger gut.

Brahmi

Das birmanische Alphabet stammt von einem viel älteren Alphabet ab, dem **Brahmi**. Weiter unten siehst du ein paar Buchstaben aus dem Brahmi. Es handelt sich dabei immer um Silben, die aus einem Konsonanten und dem Vokal A bestehen.

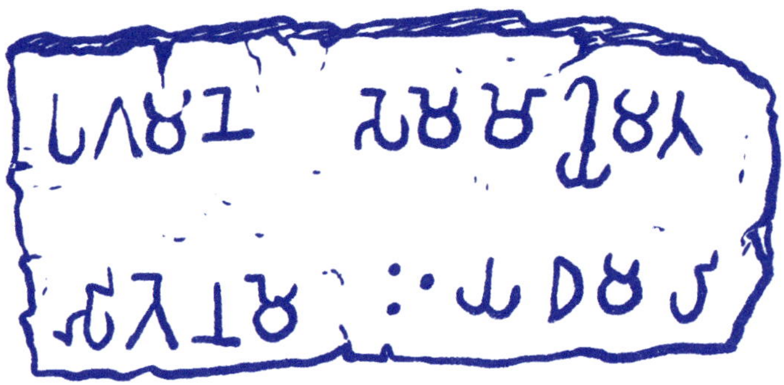

2500 Jahre alte Brahmi-Inschrift

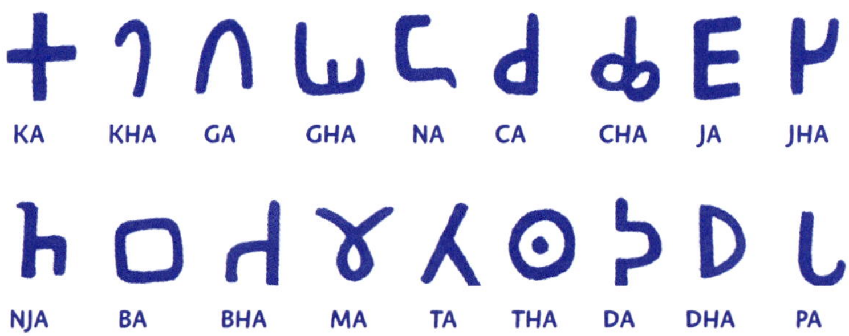

Wenn man anstelle des „a" einen anderen Laut benötigt, wird dem Buchstaben ein Zeichen hinzugefügt, genau wie bei der birmanischen Schrift:

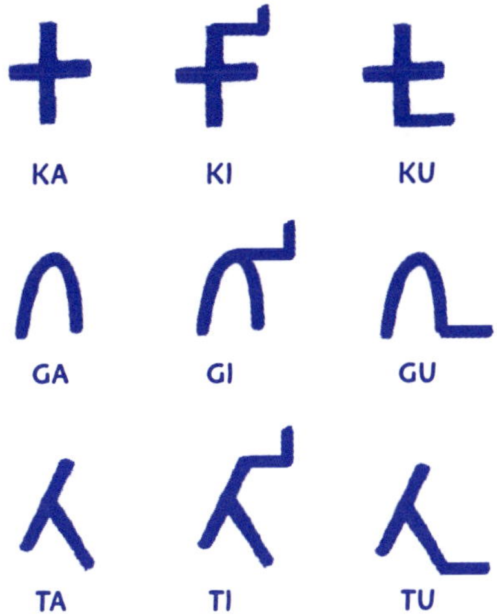

Brahmi wird nicht mehr benutzt. Aber genau so, wie das phönizische Alphabet der Vorläufer vom lateinischen, kyrillischen, hebräischen und arabischen Alphabet ist, ist das **Brahmi** der Vorläufer vieler Alphabete, die im Süden von Asien verwendet werden. Sie alle funktionieren nach dem Prinzip des Brahmi: mit Buchstaben, die für eine Silbe stehen.

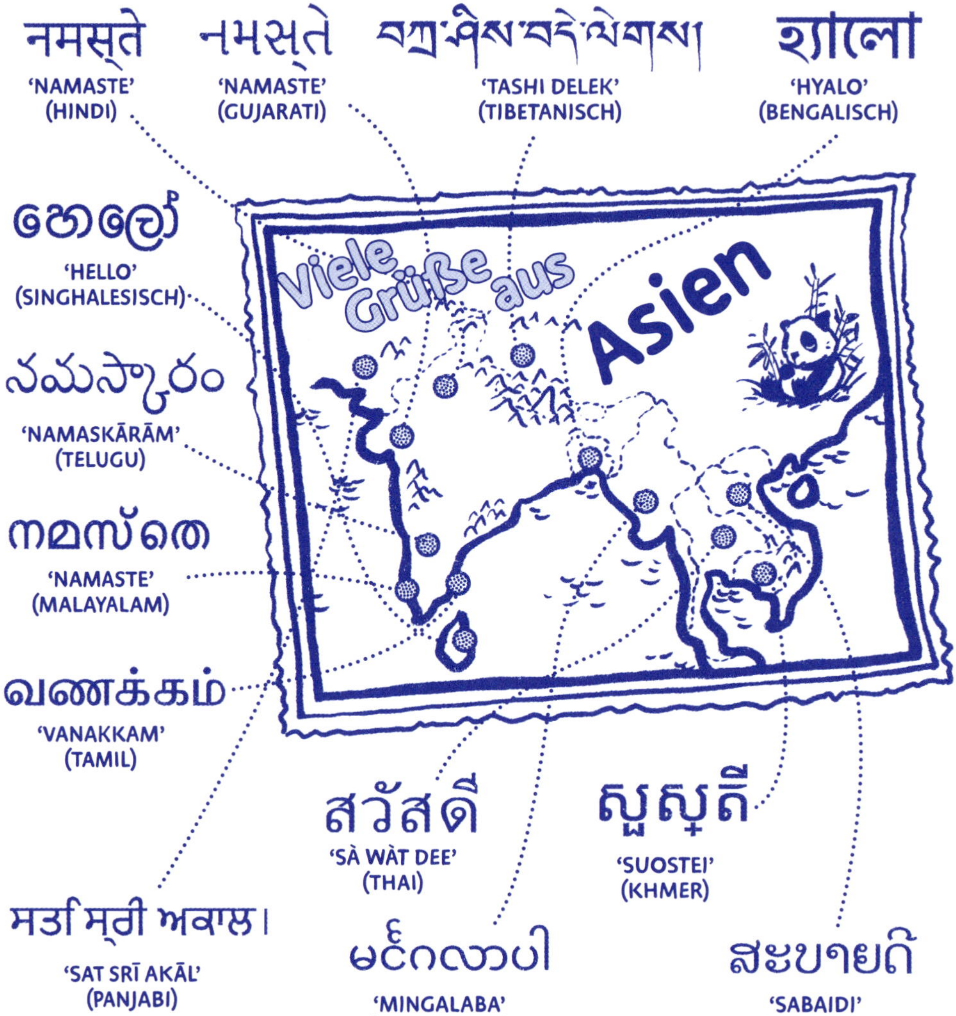

नमस्ते
'NAMASTE'
(HINDI)
નમસ્તે
'NAMASTE'
(GUJARATI)
བཀྲ་ཤིས་བདེ་ལེགས།
'TASHI DELEK'
(TIBETANISCH)
হ্যালো
'HYALO'
(BENGALISCH)
හෙලෝ
'HELLO'
(SINGHALESISCH)
నమస్కారం
'NAMASKĀRĀM'
(TELUGU)
നമസ്തെ
'NAMASTE'
(MALAYALAM)
வணக்கம்
'VANAKKAM'
(TAMIL)
ਸਤ ਸ੍ਰੀ ਅਕਾਲ।
'SAT SRĪ AKĀL'
(PANJABI)
Viele Grüße aus
Asien
สวัสดี
'SÀ WÀT DEE'
(THAI)
សួស្តី
'SUOSTEI'
(KHMER)
မင်္ဂလာပါ
'MINGALABA'
(BIRMANISCH)
ສະບາຍດີ
'SABAIDI'
(LAOTISCH)

Das chinesische Alphabet

Eigentlich stimmt der Titel nicht. In China gibt es nämlich gar **kein Alphabet**! Es gibt keine Buchstaben, sondern **Schriftzeichen**. Na ja, denkst du jetzt bestimmt, dann haben sie eben ein Alphabet, das nicht aus Buchstaben, sondern aus Schriftzeichen besteht. Nein. Sie haben wirklich kein Alphabet. Die chinesischen Schriftzeichen haben **keine feste Reihenfolge**. Es wäre auch schwierig, sich eine Reihenfolge zu merken, denn es sind deutlich mehr als 26 Schriftzeichen.

Mit Schriftzeichen schreiben

Du hast bestimmt schon mal chinesische Schriftzeichen gesehen. Sie werden anders verwendet als unsere Buchstaben: Sie stehen nicht für einzelne Laute oder für Silben, sondern für **ganze Wörter**. 子 heißt zum Beispiel *Kind* und 象 bedeutet *Elefant*. Für Elefant benötigen wir sieben Buchstaben, Chinesen aber nur ein einziges Zeichen. Ganz schön praktisch, oder?

Na ja ... das bringt auch Nachteile mit sich. Das bedeutet nämlich, dass man für jedes Wort ein eigenes Zeichen lernen muss. Und das sind ganz schön viele: Es gibt mehr als **50.000 Schriftzeichen** (niemand weiß, wie viele es genau sind). Dann sind 26 Buchstaben auf einmal halb so schlimm, oder? Die meisten Chinesen kennen auch nicht alle 50.000 Schriftzeichen. Chinesische Kinder kennen am Ende der Grundschule ungefähr **dreitausend Schriftzeichen**. Das sind die Zeichen für die am häufigsten vorkommenden Wörter, und damit kommt man im **Alltag** gut zurecht.

Im Chinesischen hat aber auch nicht jedes Wort ein eigenes Schriftzeichen. Denn dann müsste man nämlich für Esstisch, Couchtisch und Tischtennistisch eigene Schriftzeichen haben – das wäre ganz schön kompliziert. Die meisten Wörter bestehen deshalb auch aus mehr als einem Schriftzeichen:

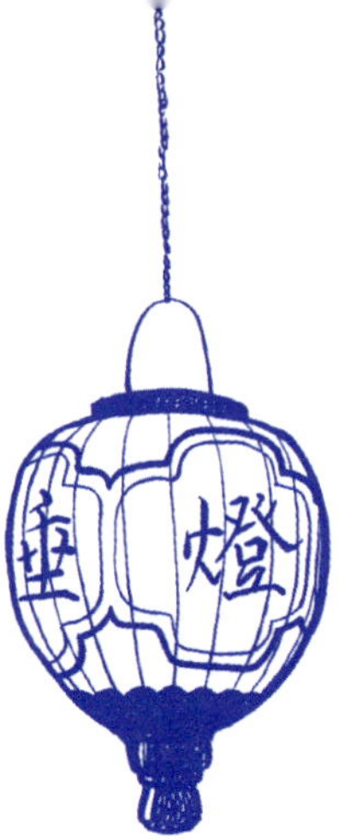

牛 + 肉 = 牛肉

(KUH) (FLEISCH) (RINDFLEISCH)

手 + 机 = 手机

(HAND) (GERÄT) (HANDY)

密 + 码 = 密码

(GEHEIMNIS) (NUMMER) (PASSWORT)

Schreiben lernen

Die chinesischen Schriftzeichen sehen beeindruckend aus. Das Schreiben dieser Zeichen wird deshalb auch als echte Kunst betrachtet. Die Schriftzeichen sind viel komplexer als unsere Buchstaben und bestehen aus vielen einzelnen Strichen. Um sie zu lernen, wird kariertes Papier verwendet. Jedes Schriftzeichen passt in ein Kästchen. Die einzelnen Striche werden in einer festen Reihenfolge von links nach rechts und von oben nach unten aufgeschrieben. Probier es mal aus!

NǏ (DU)

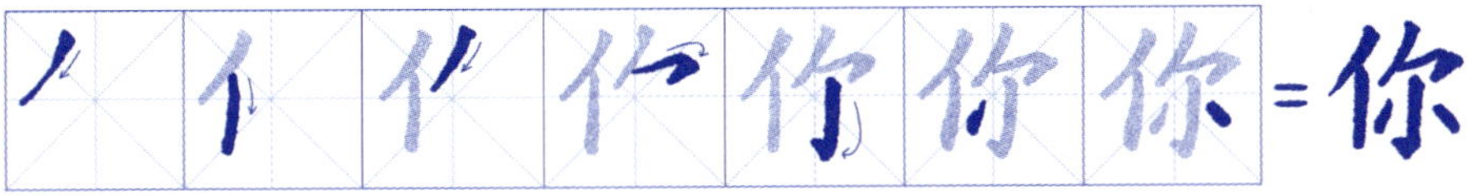

HǍO (GUT)

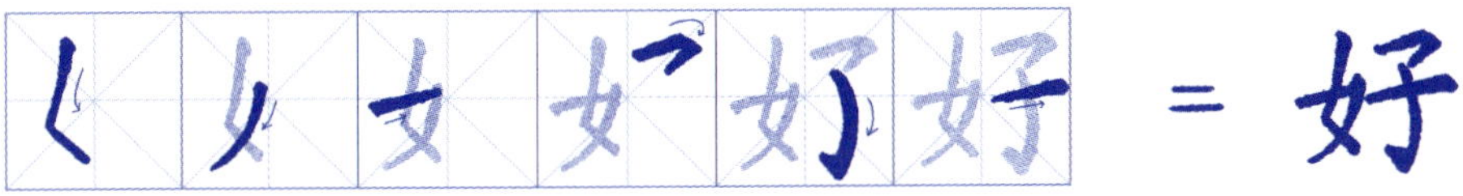

Hallo auf Chinesisch heißt *nǐ hǎo* (你好). Wörtlich bedeutet das „Du gut".

Radikale

Manchmal begegnet man einem Wort, das man noch nicht kennt. Weißt du zum Beispiel, was *Logophobie* ist? Wahrscheinlich nicht, aber du weißt, wie man es ausspricht, weil du die Buchstaben des Wortes lesen kannst. Im Chinesischen ist das schwieriger. Wenn man einem Schriftzeichen begegnet, das man nicht kennt, muss man raten, was es bedeutet. Zum Glück verrät die Form des Schriftzeichens oft etwas über die Bedeutung. Es gibt nämlich ein paar Basiselemente, die man in vielen Schriftzeichen wiederfindet. Diese **Basiselemente** nennen wir ***Radikale***. Radikale verraten etwas über die Bedeutung eines Wortes.

Schau dir mal dieses Schriftzeichen an: 好 (GUT)

Eigentlich besteht es aus zwei Teilen: 女 (FRAU) + 子 (KIND/SOHN)

Beide Bestandteile sind Radikale. Zusammen bilden sie das Schriftzeichen für gut, aber man findet sie auch in anderen Schriftzeichen. Dem Radikal 女*(Frau)* begegnen wir auch in Schriftzeichen, die etwas mit dem Wort *Frau* zu tun haben:

妹 (SCHWESTER)

妈 (MUTTER)

Ein anderes Beispiel ist das Schriftzeichen für *Wasser* 水. Das finden wir als Radikal – als Bestandteil – in anderen Schriftzeichen wieder, was dann so aussieht:

氵 (WASSER)

Wenn du dieses Radikal siehst, dann weißt du, dass das Schriftzeichen etwas mit Wasser zu tun hat.

湖 (SEE)

江 (FLUSS)

Und *Logophobie*? Das bedeutet, dass man Angst vor Wörtern hat.

Viele chinesische Schriftzeichen waren ursprünglich Bilder. Im Laufe der Zeit sind sie immer weiter vereinfacht worden, aber die Bedeutung kann man oft noch erkennen. Man benötigt nur etwas Fantasie:

MANN DACH BART MUND BERG

Chinesische Wörterbücher

Wir verwenden das **Alphabet**, um etwas zu ordnen. Zum Beispiel Kinder in der Klasse, die dann nach ihrem Nachnamen sortiert werden. Oder **Wörter im Wörterbuch**. Aber wie funktioniert das im Chinesischen, wenn es kein Alphabet gibt?

Dafür verwenden sie die **Radikale**, die „Basiszeichen" der Schriftzeichen. Davon gibt es **214**. Sie sind nach der aufsteigenden Strichanzahl sortiert: Zuerst kommen die Radikale mit einem Strich, dann die mit zwei Strichen, bis zu Radikalen mit siebzehn Strichen.

1 STRICH	2 STRICHE
一	人
(EINS)	(MANN)

5 STRICHE	14 STRICHE	17 STRICHE
生	鼻	龠
(LEBEN)	(NASE)	(FLÖTE)

Pro Radikal werden dann Schriftzeichen aufgelistet, die dieses Radikal verwenden – wieder aufsteigend nach der Strichanzahl.

Heute kann man die Bedeutung eines Schriftzeichens natürlich auch am Computer in einem **online Wörterbuch** nachschlagen. Dabei spielt die Reihenfolge eine untergeordnete Rolle. Allerdings ergibt sich dann ein anderes Problem: Wie tippt man Schriftzeichen überhaupt? Haben chinesische Tastaturen tausende Tasten? Dazu kommen wir später.

Findest du Chinesisch kompliziert? Komm, wir reisen weiter Richtung Osten, nach Japan. Denn es geht noch komplizierter!

Japanisch

In Japan wird die gleiche Schrift verwendet, wie in China. Japaner nennen sie **Kanji**. Trotzdem ist die japanische Schrift komplizierter als die chinesische. Wieso das denn? Weil die Japaner neben dem Kanji noch **zwei weitere Alphabete** haben – und sie verwenden alle drei!

Hier siehst du einen typischen japanischen Satz. Da steht: „Schön, Ihre Bekanntschaft zu machen, ich bin Frank."

初めまして、フランクです

Hajimemashite, furanku desu

In diesem Satz werden die drei Alphabete durcheinander verwendet. Wir schauen sie uns jetzt erstmal Schritt für Schritt an.

Kanji

Vielleicht erkennst du schon das Kanji-Zeichen, das Schriftzeichen, das aus dem Chinesischen übernommen wurde. Es steht ganz vorne:

初めまして、フランクです

„HAJI"

Katakana

Mein Name, Frank, wird im Japanischen „Fu-ran-ku“ ausgesprochen. Weil es kein japanisches Wort ist, wird es in sogenannten **Katakana** geschrieben. Sie umfassen ungefähr 45 Zeichen und sind etwas eckiger:

初めまして、フランクです

FU RA N KU

Diese japanischen Wörter stammen ursprünglich aus dem Deutschen. Deshalb schreibt man sie auch in Katakana. Verstehst du, was sie bedeuten?

エネルギ „ENERUGII“

ギプス „GIPUSU“

リュックサック „RYUKKUSAKKU“

energii = Energie; gipusu = Gips; ryukkusakku = Rucksack

Hiragana

Der Rest der Zeichen wird in **Hiragana** geschrieben:

初めまして、フランクです

ME MA SHI TE DE SU

Okay, im Japanischen gibt es also Kanji, Katakana und Hiragana. Aber warum? Fangen wir mit den Katakana an. Wie gesagt, verwenden Japaner sie vor allem bei **nicht-japanischen Wörtern**. Wie bei *Frank*. Oder *Ketchup*, oder *Spaghetti*. Katakana bestehen aus rund 40 Zeichen, und jedes Zeichen steht für eine Silbe, wie *ma*, *mi*, *mo*, *ki*, *ko*, *chi*, *ni*, *hi*, und so weiter.

モーツァルト

'MO - O - TSU - A - RU - TO'
(MOZART)

ケーキ

'KE - E - KI'
(KUCHEN)

Dann gibt es noch **Kanji** und Hiragana. Kanji bedeutet wörtlich „chinesische Schrift" und das stimmt auch: das sind die Zeichen, die die Japaner vom **Chinesischen** übernommen haben. „Katze" heißt im Chinesischen „mao" und im Japanischen „neko", aber in beiden Sprachen wird das gleiche Schriftzeichen verwendet: 猫.

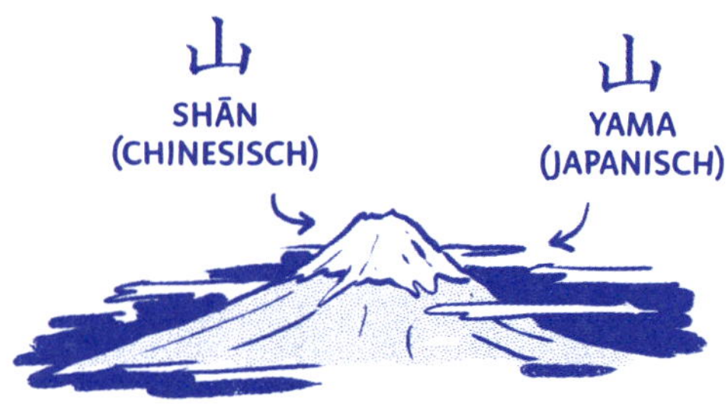

Das Kanji-Zeichen 食 bedeutet (unter anderem) „essen". Wenn man sagen will *ich esse*, *du isst*, *wir haben gegessen*, dann wird das Kanji-Zeichen um ein oder mehrere Hiragana-Zeichen ergänzt:

食べる

'TABERU'
((WIR GEHEN) ESSEN)

食べます

'TABEMASU'
((ICH) ESSE)

食べました

'TABEMASHITA'
((ICH) ASS)

食べた

TABETA'
((ICH HABE) GEGESSEN)

Eigentlich machen wir das im Deutschen genauso: *ich lach**e**, du lach**st**, wir lach**en**, ich habe gelach**t***. Wir verwenden den **Wortstamm** *lach* und hängen vorne oder hinten oder sogar vorne und hinten etwas dran (die **Vorsilbe** oder die **Endung**). Der Unterschied ist, dass im Japanischen der Stamm in der einen Schrift (Kanji) und die Ergänzung in der anderen Schrift (Hiragana) geschrieben wird.

Hiragana sind eine Silbenschrift, genau wie Katakana. Die Zeichen sehen runder aus als Katakana und einfacher als Kanji:

しあわせ

'SHI-A-WA-SE'
(GLÜCKLICH)

せんせい

'SE-N-SE-I'
(LEHRER)

Drei Alphabete sind ganz schön praktisch

Aber warum sollte man statt einem Alphabet drei Alphabete durcheinander benutzen? Im Chinesischen gibt es auch nur eins, und das funktioniert doch gut? Stimmt, aber Japanisch ist nicht Chinesisch. Im Japanischen gibt es **viel weniger Laute**, und deshalb gibt es viele Wörter, die gleich klingen, aber eine andere Bedeutung haben. Das ist wie mit unserer *Bank*, auf der kann man sitzen, aber sie ist auch ein Geldinstitut.

Stell dir vor, man würde alles in Hiragana schreiben (eine der beiden Silbenschriften), dann wüsstest du genau, wie du ein Wort aussprechen musst. Aber du wüsstest nicht, welche Bedeutung das Wort hat. Mit Kanji weiß man das aber. Schau dir mal das Wort mono an. Das bedeutet sowohl *Ding* als auch *Person*:

Hiragana: もの

'MO-NO' (DING, PERSON)

Es gibt ein Kanji-Zeichen für *mono* (Ding) und eins für *mono* (Person), und so weiß man sofort, was gemeint ist:

Kanji: 物 者

'MONO' (DING) **'MONO' (PERSON)**

Die Verwendung von **drei Systemen** gleichzeitig hilft auch dabei, die Sätze schneller zu verstehen. Und das ist praktisch, denndiejapanischeSpracheverwendetkeineLeerzeichen. Bei einer Passage mit Katakana weiß man zum Beispiel: Ah, das ist ein Lehnwort! Und bei Kanji + Hiragana weiß man: das ist bestimmt ein Verb in einer bestimmten Zeit. Japaner verwenden Katakana auch, um Textpassagen besonders zu **betonen**: wenn eine andere Schrift benutzt wird, sind die Wörter gleich viel auffälliger. Das machen wir auch, aber dann zum Beispiel mit **GROSSBUCHSTABEN**. Eigentlich verwenden wir auch zwei Schriftsysteme durcheinander – Kleinbuchstaben und Großbuchstaben!

*** MOSHI MOSHI („HALLO" AM TELEFON)**

Dein Name auf Japanisch

Für **nicht-japanische Namen** verwendet man **Katakana**. Jede Silbe deines Namens bekommt ein eigenes Katakana-Zeichen. *Sara* besteht aus den Silben *sa* und *ra* und die schreibt man mit Katakana サ und ラ. *Sara* schreibt man auf Japanisch also so: サラ.

Ein Name wie *Chris* ist etwas komplizierter. Japanische Silben dürfen nicht mit einem S enden. Also wird Chris zu *Kri-su*. Aber japanische Silben dürfen auch nicht mit einem KR anfangen, also schreibt man *Ku-ri-su*. Oder クリス.

Versuch mal, deinen eigenen Namen mit Katakana zu schreiben!

ア a	イ i	ウ u	エ e	オ o
カ ka	キ ki	ク ku	ケ ke	コ ko
ガ ga	ギ gi	グ gu	ゲ ge	ゴ go
サ sa	シ si	ス su	セ se	ソ so
ザ za	ジ zi	ズ zu	ゼ ze	ゾ zo
タ ta	チ ti	ツ tu	テ te	ト to
ダ da	ヂ di	ヅ du	デ de	ド do
ナ na	ニ ni	ヌ nu	ネ ne	ノ no

ハ ha	ヒ hi	フ hu, fu	ヘ he	ホ ho
バ ba	ビ bi	ブ bu	ベ be	ボ bo
パ pa	ピ pi	プ pu	ペ pe	ポ po
マ ma	ミ mi	ム mu	メ me	モ mo
ヤ ya		ユ yu		ヨ yo
ラ ra	リ ri	ル ru	レ re	ロ ro
ワ wa	ヰ wi		ヱ we	ヲ wo
ン n				

Tipps:

- Das *L* schreibt man als R: Lisa リサ (ri-sa)
- Das *V* schreibt man als B: Vera ベラ (be-ra)
- Das ー macht den Buchstaben davor länger: Laura ローラ (roo-ra)
- Das ッ verdoppelt den Konsonanten danach: Erik エリック (e-ri-kku)

Alphabete wie das Birmanisch und das Devanagari arbeiten auch mit Silben, aber sie funktionieren ein kleines bisschen anders als Japanisch. In der birmanischen Schrift haben ka, ki und ku den gleichen Grundbuchstaben: က ka, ကိ ki, ကု ku. Im japanischen Kiragana sind es komplett unterschiedliche Zeichen: か ka, き ki, く ku.

*** KONNICHIWA („HALLO“)**

Das beste Alphabet der Welt?

Koreaner feiern gerne. Am 9. Oktober (in Südkorea, in Nordkorea am 15. Januar) feiern sie den **Hangul-Tag**. Oder besser gesagt: Den Tag des koreanischen Alphabets! Und dafür haben sie auch gute Gründe, denn einigen Wissenschaftlern zufolge ist das koreanische Alphabet das **beste Alphabet der Welt**.

Wann ist ein Alphabet gut?

Wie stellt man fest, ob ein Alphabet „gut“ ist? Man könnte überprüfen, wie schön die Buchstaben sind. Die chinesischen Schriftzeichen sind zum Beispiel wunderbar komplex. Das rundliche Birmanisch ist aber auch toll: ဗမာဇာတ်ညွှန်း Oder das Singhalesisch: **ලස්සන හෝඩිය**, oder unsere „eigenen“ Buchstaben? Schwierig. Vielleicht ist „schön“ doch kein gutes Kriterium.

Stattdessen könnte man untersuchen, wie **einfach** ein Alphabet zu erlernen ist. Fangen wir der Einfachheit halber mit dem ersten Buchstaben unseres Alphabets an: dem A. Spricht für sich, oder? Das A benutzt man für *Apfel* oder für *Atem*. Hmm, das ist ja schwieriger als gedacht, das „a“ von *Apfel* klingt anders, als in *Atem*. Außerdem kann man das „a“ als *A* oder als *a* schreiben. Und wieso hat der Laut „a“ eigentlich diese Form? Ach ja, weil damals, vor tausenden von Jahren, der Großbuchstabe A, schräg auf den Kopf gestellt, wie ein Stierkopf aussah. Und das phönizische Wort für Stierkopf, *Aleph*, fing mit dem Laut „a“ an. Nein, damit gewinnen wir wohl kaum den Preis für das einfachste Alphabet …

Das koreanische Alphabet

Da ist das Hangul, das koreanische Alphabet, doch viel einfacher zu erlernen. Vor allem die Vokale. Die bestehen aus kurzen und langen, geraden Strichen, wie hier zu sehen ist:

ㅣ

I

ㅏ

A

ㅑ

YA

Wenn man diese Zeichen um 90° dreht, kommen dabei andere Buchstaben heraus:

ㅣ	ㅡ		
I	U/EU		
ㅏ	ㅜ	ㅓ	ㅗ
A	U	EO	O
ㅑ	ㅠ	ㅕ	ㅛ
YA	YU	YEO	YO

Die wichtigsten Konsonanten sehen so aus:

ㄱ	ㄴ	ㄷ	ㄹ	ㅁ	ㅂ	ㅅ
G/K	N	D/T	L/R	M	B/P	S
ㅋ	ㅌ	ㅍ	ㅊ	ㅇ	ㅈ	ㅎ
K	T	P	CH	NG	J	H

Bilde laut und deutlich den Laut „n“ und versuche zu spüren, was du dabei mit der Zunge machst. Wenn du es richtig machst, spürst du die Zunge an deinem Gaumen, kurz vor den Schneidezähnen. Das könnte man so darstellen: ㄴ. Und genau so sieht das **koreanische** „n“ aus! Und der koreanische Buchstabe ㄱ? Drücke den hinteren Bereich deiner Zunge gegen den Gaumen. So bildet man den Laut „g“. Die Formen der koreanischen Buchstaben verraten also etwas über die Aussprache, und das ist das Alleinstellungsmerkmal des koreanischen Alphabets. Ganz schön schlau, oder?

한글

Buchstaben in Blöcken

Aber das Beste am Hangul habe ich mir für den Schluss aufgehoben. Koreaner schreiben ihre Buchstaben nicht langweilig hintereinander, so wie wir, sondern in Blöcken.

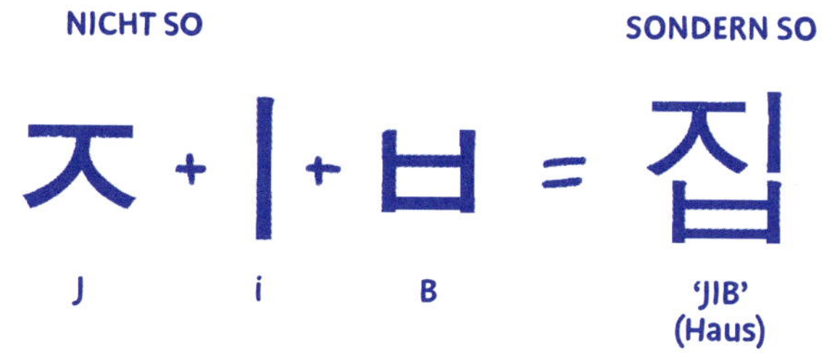

Jeder Block ist eine Silbe, und das sieht nicht nur schön aus, sondern ist auch praktisch: Man weiß dadurch sofort, wie man ein Wort ausspricht. Eigentlich ist das Hangul also gleichzeitig eine **Buchstabenschrift** (mit einem Symbol für jeden Laut) und eine **Silbenschrift** (mit einem Symbol für jede Silbe). Schau dir mal das koreanische Wort für *Hallo* an, „annyeong":

Am Anfang von Blöcken, die mit einem Vokal anfangen, befindet sich immer erst ein ㅇ. Das spricht man nicht aus.

Es ist kein Zufall, dass die koreanische Schrift so übersichtlich aufgebaut ist. Sie wurde nämlich im 15. Jahrhundert von König Sejong dem Großen erfunden. Er wollte, dass alle Koreaner das Alphabet ganz einfach lernen konnten, damit jeder im Land lesen und schreiben konnte. Und das ist ihm wirklich gut gelungen!

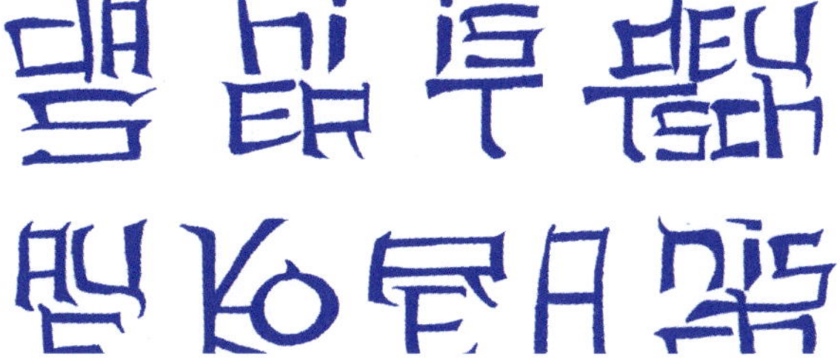

Afrika

Von Asien reisen wir weiter nach Afrika. In Afrika werden fast **zweitausend verschiedene Sprachen** gesprochen, aber es gibt viel weniger unterschiedliche Alphabete als in Asien. Die meisten afrikanischen Sprachen verwenden **das lateinische oder das arabische Alphabet**, manchmal mit zusätzlichen Buchstaben oder Zeichen für besondere Laute. Aber es gibt auch Sprachen, die ein eigenes Alphabet haben. Davon schauen wir uns jetzt ein paar an.

Fidäl

In Äthiopien werden gut hundert verschiedene Sprachen gesprochen, aber die offizielle Sprache ist das Amharisch. **Amharisch** ist eine semitische Sprache, genau wie Hebräisch und Arabisch. Das Alphabet der amharischen Sprache heißt Fidäl (sprich „Fi-DÄL"), oder auch ፊደል, und existiert schon seit Jahrhunderten.

Das Fidäl funktioniert nach dem gleichen Prinzip, wie zum Beispiel die birmanische Schrift in Myanmar und das Devanagari aus Indien: Jeder Buchstabe ist eine Silbe und mit zusätzlichen Zeichen kann der Laut der Silbe verändert werden:

ለ	ሉ	ሊ	ላ
LÄ	LU	LI	LA
መ	ሙ	ሚ	ማ
MÄ	MU	MI	MA

ግመል

'GIMEU'

ዶሮ

'DORO'

Tifinagh

Die offiziellen Sprachen in **Marokko** sind Arabisch und Amazigh. **Amazigh** ist die Sprache der Berber. Sie hat ein eigenes Alphabet, das **Tifinagh**. „Tifinagh" bedeutet „unsere Erfindung", und es wurde früher in großen Teilen Nordafrikas verwendet. Tifinagh ist schon jahrhundertealt, aber es durfte sehr lange nicht benutzt werden. Seit kurzem ist es wieder erlaubt.

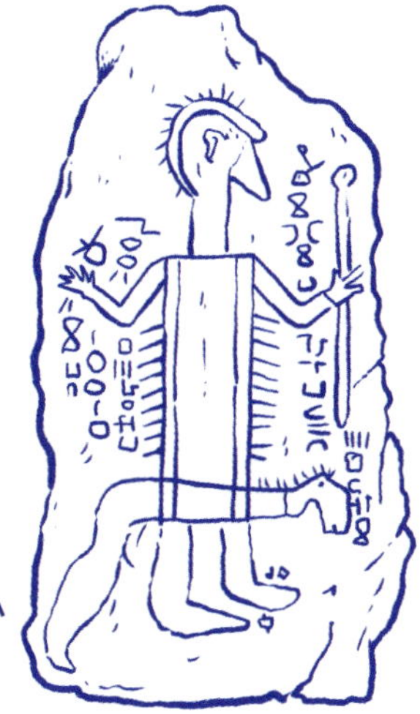

Eine alte Tifinagh-Inschrift auf einem Stein

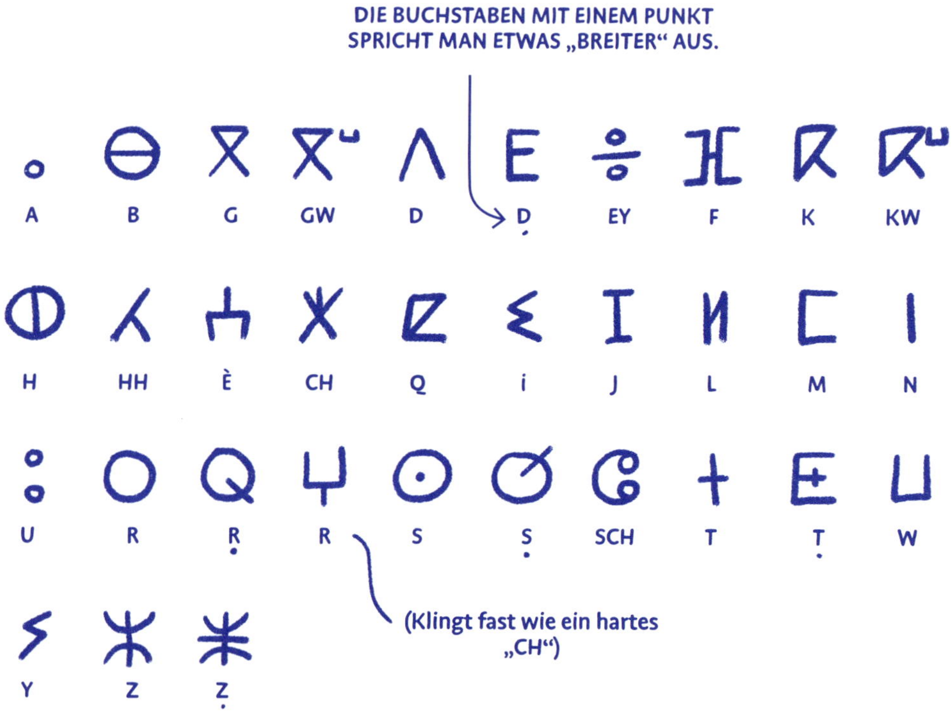

Die Buchstaben der Tifinagh-Schrift und ihre Aussprache

Das **moderne Tifinagh** funktioniert wie unser lateinisches Alphabet. Man liest die Schrift **von links nach rechts**, und jeder Buchstabe steht für einen Laut. Auf dem Verkehrsschild steht zum Beispiel unter dem Arabischen das Amazigh-Wort *bedd*. Was das bedeutet, kannst du vielleicht an der Form des Verkehrszeichens erkennen …

Vai

Vai ist eine Sprache, die in **Liberia** gesprochen wird, einem Land in Westafrika. Wir wissen nur bei wenigen Alphabeten, wer sie erfunden hat, aber beim Vai wissen wir es: **Momolu Duwalu Bukele** hat es im neunzehnten Jahrhundert erfunden.

Vai ist eine Silbenschrift, genau wie die japanischen Hiragana und Katakana: Jedes Zeichen steht für eine einzelne Silbe. Es gibt mehr als hundert verschiedene Zeichen. Hier siehst du ein paar davon:

* das Ɔ wird kurz und offen ausgesprochen, wie im Wort ... *offen*.

Vai in der Vai-Schrift

Vai hat auch eigene Satzzeichen!

KOMMA PUNKT AUSRUFEZEICHEN FRAGEZEICHEN

Bukele hat gesagt, er habe die Schrift erfunden, nachdem er davon geträumt habe. Es könnte aber auch sein, dass er die Idee bekam, nachdem er das Alphabet der **Cherokee** sah, einem indigenen Volk aus Nordamerika. Dieses Alphabet lernst du im nächsten Kapitel kennen.

Amerika

Zurzeit sind Englisch, Französisch, Spanisch und Portugiesisch die wichtigsten Sprachen von Nord- und Südamerika. Diese Sprachen verwenden alle das **lateinische Alphabet**. Viele der Sprachen von indigenen Gruppen haben keine eigene Schrift, oder sie verwenden auch das lateinische Alphabet. Aber es gibt ein paar Ausnahmen. Wir sehen uns zwei aus Nordamerika an: das **Cree** und das **Cherokee**.

Hier steht *Hallo* auf Cree (links) und auf Cherokee (rechts). Findest du heraus, wie man die Wörter ausspricht?

Cree

Das Cree ist die am häufigsten gesprochene indigene Sprache in **Kanada**. Sie hat ein eigenes Alphabet, das von **James Evans** im neunzehnten Jahrhundert zusammengestellt wurde.

Evans benutzte bereits existierende Buchstaben von einem der Silbenalphabete aus Indien: dem **Devanagari**. Erinnerst du dich? Darin steht jeder Buchstabe für eine ganze Silbe, wie *pa*, *ma* oder *ba*, und die Vokale der Silben können durch kleine Akzente verändert werden:

प	पे	पि	पु
PA	PE	PI	PU
त	ते	ति	तु
TA	TE	TI	TU

Evans hatte für das Cree eine bessere Idee: Statt Akzente zu benutzen, drehte er die Buchstaben immer um **90°** oder **spiegelte** sie. „Pa" war ᐸ, und durch das drehen um 90° wurde daraus „pe" ᐯ. Hat man den Buchstaben nochmal um 90°gedreht, so wurde er zu „po" ᐳ,], und so weiter. So hatte er schnell alle Buchstaben beisammen, die er benötigte.

ᐊ	ᐁ	ᐃ	ᐅ
A	E	I	O
ᐸ	ᐯ	ᐱ	ᐳ
PA	PE	PI	PO
ᑕ	ᑌ	ᑎ	ᑐ
TA	TE	TI	TO
ᑲ	ᑫ	ᑭ	ᑯ
KA	KE	KI	KO
ᒐ	ᒉ	ᒋ	ᒍ
TSCHA	TSCHE	TSCHI	TSCHO
ᒪ	ᒣ	ᒥ	ᒧ
MA	ME	MI	MO

Für die langen Vokale wurde ein Punkt über den Buchstaben platziert:

ᐹ	ᐲ	ᐴ
PAH	PIE	POH

Das Alphabet von Evans wird immer noch von vielen Cree-Sprechern benutzt. Auch andere Völker benutzen es für ihre Sprache, zum Beispiel für das **Inuktitut** im Norden von Kanada und in Grönland.

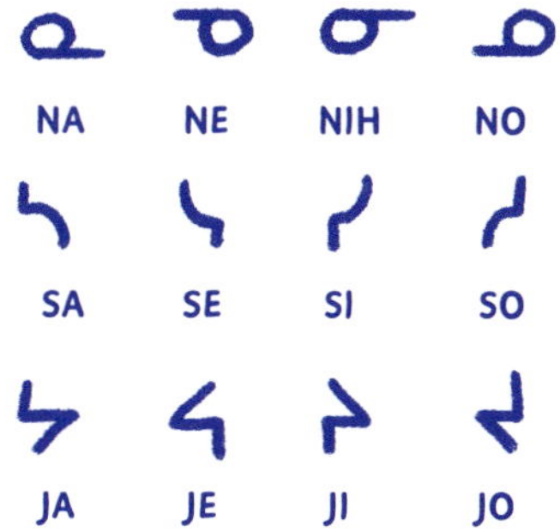

Cherokee

Die Cherokee leben in den **Vereinigten Staaten** in Oklahoma und North Carolina. Ihre Sprache, das Cherokee, hat ein eigenes Alphabet, das Anfang des neunzehnten Jahrhunderts von **Herrn Sequoyah** erfunden wurde. Er beschloss, ein Silbenalphabet zu erstellen, genau wie die japanischen Hiragana und Katakana. Dafür verwendete er willkürlich allerlei Buchstaben aus dem **Englischen und Griechischen** und dachte sich selbst auch noch ein paar aus.

ᏣᎳᎩ

Cherokee-Sprecher nennen ihre Sprache selbst Tsalagi.

Ꮠ	Ᏹ	Ꮶ	Ꮼ	Ᏺ	Ꮱ	Ꮷ	Ꮽ	Ᏻ	Ꮲ	Ꮌ	Ᏼ	Ꮎ
SO	YI	TSO	WO	YO	TLU	TSU	WU	YU	TLV	MO	YV	NA
Ꮩ	Ꮄ	Ꮆ	Ꮇ	Ꮈ	Ꮉ	Ꮊ	Ꮋ	Ꮍ	Ꮸ	Ꮐ	Ꮖ	
DO	LE	LO	LU	LV	MA	ME	MI	MU	TSV	NAH	KWA	

Ꮔ	Ꮰ	Ꮞ	Ꮝ
NU	TLO	SE	S
Ꮚ	Ꮅ	Ꮥ	Ꮣ
KWU	LI	DE	DA
Ꮡ	Ꮃ	Ꮒ	Ꮜ
SU	LA	NI	SA
Ꮪ	Ꮻ	Ꮘ	Ꮤ
DU	WI	KWI	TA
Ꮕ	Ꮾ	Ꮟ	Ꮑ
NV	WV	SI	NE
Ꮛ	Ꮁ	Ꭹ	Ꮗ
KWV	HU	GI	KWE
Ꮢ	Ꮵ	Ꭶ	Ꮦ
SV	TSI	GA	TE
Ꮫ	Ꮯ	Ꭷ	Ꮨ
DV	TLI	KA	TI
Ꭺ	Ꮂ	Ꭸ	Ꮧ
GO	HV	GE	DI

Das Cherokee-Alphabet war lange Zeit ein **großer Erfolg**. Viele Cherokee lernten damit lesen und schreiben und es inspirierte James Evans zu seinem Cree-Alphabet. Manche behaupten sogar, es sei die Inspirationsquelle für das Vai gewesen – in Liberia, auf der anderen Seite des Ozeans!

Leider geht es dem Cherokee heute nicht mehr so gut. Viele Cherokee sprechen jetzt **Englisch**. Ihre ursprüngliche Sprache wird immer weniger gesprochen, und wenn sich das nicht bald ändert, wird die Sprache in absehbarer Zeit ausgestorben sein. Damit würde auch das Cherokee-Alphabet **aussterben**.

Ꭻ	Ꭰ	Ꭱ	Ꭲ	Ꭳ	Ꭴ	Ꭵ	Ꭽ	Ꭾ	Ꭿ	Ꮀ	Ꮓ
GU	A	E	i	O	U	V	HA	HE	HI	HO	NO
Ꭼ	Ꮬ	Ꮭ	Ꮳ	Ꮹ	Ꮿ	Ꮮ	Ꮴ	Ᏸ	Ꮺ	Ꮏ	Ꮙ
GV	DLA	TLA	TSA	WA	YA	TLE	TSE	YE	WE	HNA	KWO

Verschwundene Alphabete

Warum verschwinden Sprachen – und manchmal auch ihre Schriften – eigentlich? Meistens hat das damit zu tun, dass die Menschen dann eine andere Sprache benutzen. Das machen sie nur selten freiwillig. Manchmal werden sie dazu gezwungen, weil der Machthaber eines Landes verbietet, die Sprache, die die Menschen eigentlich sprechen, zu benutzen. Aber manchmal hat es auch damit zu tun, dass sie mit einer anderen Sprache andere Ziele im Leben erreichen können. Dann wird es schwierig, zu verhindern, dass **eine Sprache ausstirbt**.

Jede Sprache, und auch jedes Alphabet, hat eine eigene, einzigartige Ausdrucksweise. Wenn eine Sprache ausstirbt, wird es diese Ausdrucksweise nie wieder geben. Und das ist unglaublich schade. Außerdem sind Sprachen und Alphabete meistens stark mit einer **Kultur** verbunden: mit Geschichten, Bräuchen und Liedern. Und auch die gehen dann verloren.

Wir haben schon mehrere ausgestorbene Alphabete besprochen: die Keilschrift, das Phönizisch, die Hieroglyphen, das Brahmi. Aber es gibt noch viel mehr. Schauen wir uns doch noch ein paar andere an.

Runen

Die **Runenschrift** ist eine alte germanische Schrift. Sie wurde seit Anbeginn unserer Zeitrechnung bis weit ins Mittelalter in ganz Nordeuropa und Skandinavien verwendet, also auch in Teilen vom heutigen Deutschland.

Es gab unterschiedliche Runenschriften. Auf der nächsten Seite siehst du eine davon. Sie wird auch Futhark genannt, und ist nach den ersten sechs Buchstaben benannt. Die Runen bestehen alle aus vertikalen und schrägen Strichen.

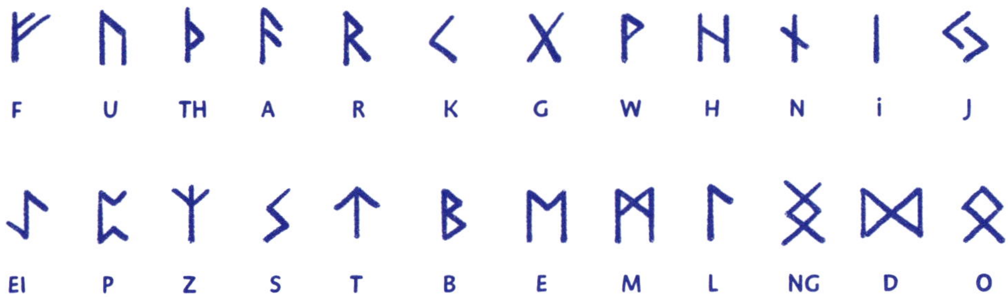

Erinnerst du dich noch an die Alphabete aus Südostasien, zum Beispiel an die birmanische Schrift? Diese Schriften wurden runder, weil die Menschen auf Palmblättern schrieben, und es ist schwierig, auf Palmblättern **gerade Striche** zu ziehen. Bei den Runen war es genau umgekehrt: Sie bestanden aus geraden Strichen, weil die Menschen sie in Holz, Stein oder Knochen ritzten. Auf diesen Untergründen war es schwierig, rundliche Buchstaben zu schreiben.

Viele Runen ähneln den Buchstaben des lateinischen Alphabets, schau dir mal das F ᚠ, das R ᚱ und das B ᛒ .an. Das Alphabet war wahrscheinlich eine Inspirationsquelle. Den Buchstaben ᚦ (th) erkennst du vielleicht wieder, den gibt es immer noch im isländischen Alphabet als þ (*thorn*).

Die ältesten geschriebenen niederländischen Worte, die noch bewahrt geblieben sind, wurden in Runen geschrieben:

Sie stammen aus dem fünften Jahrhundert und lauten: 'haþuwas ann kusjam loguns'. Was dieser Satz genau bedeutet, weiß man nicht. Wir wissen nur, dass das Wort *ann* „ich gönne“ bedeutet.

Runen wurden (und werden) auch dazu genutzt, die Zukunft vorauszusagen! Das macht man mit kleinen Holzstückchen oder Steinchen, in die Zeichen eingekerbt wurden. Man steckt sie in einen Beutel und holt dann, ohne hinzuschauen, ein paar heraus und breitet sie vor sich aus. Jedes Runenzeichen hat eine eigene Bedeutung: das ᚨ steht zum Beispiel für Weisheit und das ᚢ für Kraft.

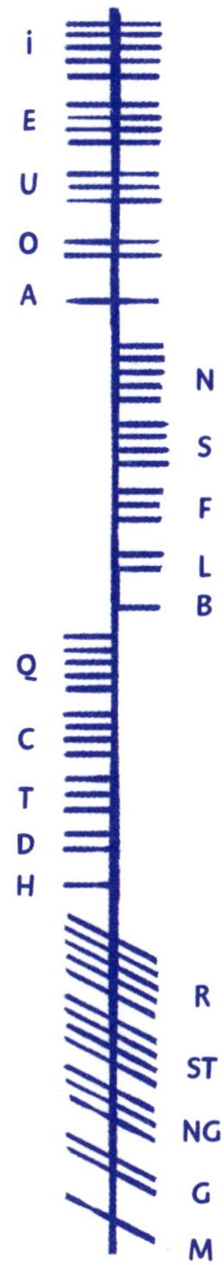

Ogham

Eine Schrift, die an Runen erinnert, ist die Ogham-Schrift. Sie wurde im frühen Mittelalter in **Irland** verwendet. Genau wie Runen wurden die Ogham-Zeichen in Holz oder Stein gekerbt, was erklärt, warum die Buchstaben aus geraden Strichen bestehen. Man schreibt die Buchstaben von unten nach oben **quer auf eine vertikale Linie:**

Kannst du lesen, welcher Name hier steht?

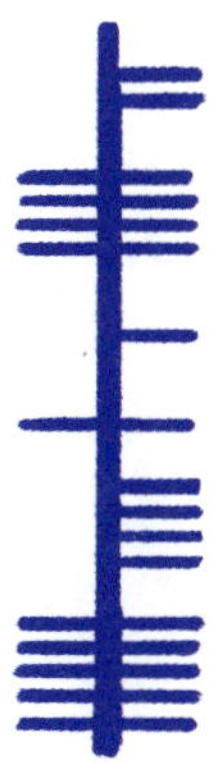

*Lösung: Isabel

Maya

Die Mayas sind indigene Gruppen in **Mittelamerika**. Sie hatten eine hochentwickelte Kultur mit Landbau, Stadtstaaten und Tempeln, Mathematik und Astronomie. Sie waren nicht ein einziges Volk, sondern mehrere, und jedes hatte seine eigene Sprache und Kultur. Einige der **Mayavölker** hatten eine eigene Schrift. Die Mayas und ihre Sprachen existieren auch heute noch, aber die Schriften werden schon seit hunderten von Jahren nicht mehr verwendet.

Es hat lange gedauert, bis man die Mayaschrift entziffern konnte. Es wurden nicht besonders viele Texte überliefert: Die Spanier haben viele Mayatexte verbrannt, als sie das Land im sechszehnten Jahrhundert eroberten. Und auch heute weiß man längst nicht alles über diese Schrift.

Die Mayaschrift besteht aus **hunderten verschiedenen Zeichen**, die immer in **Blöcken** zusammengesetzt werden. Jeder Block besteht aus mehreren Zeichen und formt zusammen ein Wort oder einen Satz. Man liest die Blöcke paarweise.

Die Schrift ähnelt den **ägyptischen Hieroglyphen** ein bisschen, mit Bildern, die zum Beispiel eine „Sonne" oder ein „Auge" darstellen, aber manchmal auch für eine Silbe stehen. In dem Block links unten steht zum Beispiel: „Sie greift den Stock". Die Hand steht für *greifen*, und rechts stehen untereinander die Zeichen für die Silben *lo* und *mu*, die zusammen das Wort *lom(u)* bilden (das U wird nicht ausgesprochen), was Stock bedeutet.

Die Mayas sind berühmt für ihre **Kalender**. Die Kalender bestanden aus vielen immer wiederkehrenden Zeiträumen. Diese Zeiträume kann man mit unseren Wochen, Monaten und Jahren vergleichen. Bei den Mayas gab es aber auch noch viel längere Zeiträume von hunderten und tausenden Jahren. Einer dieser Zeiträume lief am **31. Dezember 2012** ab, weshalb manche Menschen dachten, die Welt würde dann untergehen. Wenn du jetzt dieses Buch liest, ist das nicht passiert.

Nicht-entzifferte Alphabete

Würdest du auch gerne mal ein altes Alphabet **entziffern**, wie die Hieroglyphen oder die Maya-Schrift? Es gibt immer noch alte Schriften, von denen niemand weiß, was sie bedeuten. Es gibt also noch genug zu tun!

Olmekisch

Das hier sind olmekische Zeichen. Die Olmeken lebten Jahrhunderte vor den Mayas in Mittelamerika. Niemand weiß, was da steht.

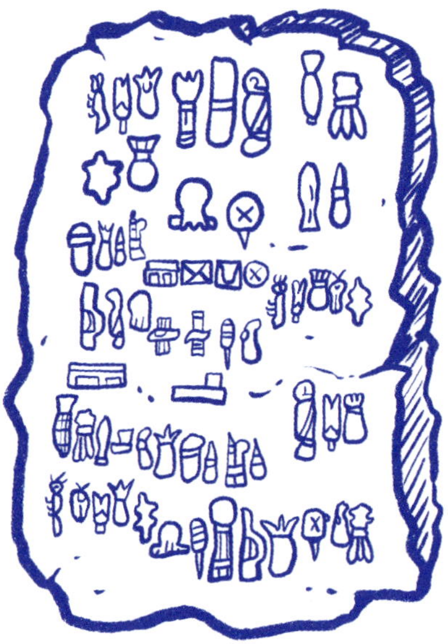

Der Diskos von Phaistos

Diese Scheibe ist ungefähr so groß wie ein Teller. Sie wurde auf der griechischen Insel **Kreta** gefunden. Niemand kennt die Sprache, die auf der Scheibe zu sehen ist.

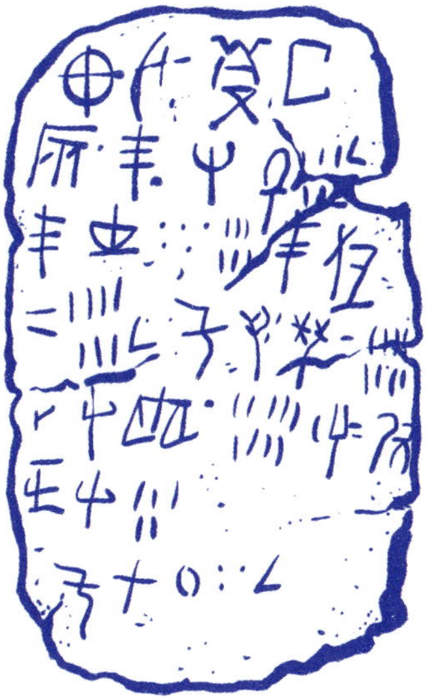

Linearschrift A

Auf Kreta wurde noch eine andere, bisher nicht entzifferte Schrift gefunden, die **Linearschrift A**. Wissenschaftler haben ihr diesen komischen Namen gegeben, die Sprecher hätten sie bestimmt anders benannt!

Auf Seite 175 findest du eine weitere nicht-entzifferte Schrift: das Voynich-Manuskript.

4. TEIL

ALPHABETE – ABER ANDERS

Was für wundervolle Alphabete es doch gibt – eins ist schöner als das andere! Und sie sind so unterschiedlich: mit runden, oder besonders geraden Formen, kompliziert, oder extra einfach, mit Buchstaben für Laute, Silben oder sogar ganze Wörter.

Aber es gibt Alphabete, die sich noch stärker von den Alphabeten unterscheiden, die wir bis jetzt kennengelernt haben. Alphabete für die Seefahrt, oder für blinde Menschen zum Beispiel. Oder ein Alphabet, für das du deine Taschenlampe brauchst. Und wenn wir schon über ganz andere Alphabete sprechen: Mit welchem Alphabet kann man am besten Nachrichten an außerirdische Wesen senden?

Fernalphabete

Mal eben eine Nachricht an Menschen in der Ferne schicken. Heutzutage machen wir das mit dem Telefon, aber das gibt es erst seit ungefähr hundertfünfzig Jahren. Wie haben die Menschen das früher gemacht? Wie haben sie sich gegenseitig gewarnt, wenn ein Boot mit Wikingern anlegte, oder wenn ein Fluss über die Ufer trat?

Man konnte einen **Kurier** losschicken. Der hat dann einen Brief mitgenommen oder die Botschaft auswendig gelernt. Ein bekannter Kurier war **Pheidippides** aus dem antiken Griechenland. Nach der Schlacht bei Marathon rannte er nach Athen, wo er die folgende Botschaft verkündete: „Wir haben gewonnen!" Danach ist er vor Erschöpfung tot umgefallen, aber er gilt immerhin als der Begründer des modernen **Marathons**.

Der Nachteil von Kurieren war, dass jemand losgeschickt werden musste. Und du kannst dir bestimmt denken, dass das nicht immer so einfach war, wenn man zum Beispiel in den Bergen oder auf dem Meer war, oder wenn Krieg herrschte. Außerdem dauerte es ganz schön lange, bis die Botschaft ankam. Aber es gab auch andere Methoden.

Trommeln

Wenn du einen schlagzeugspielenden Nachbarn hast, weißt du bestimmt, dass man Trommeln auch aus einiger Entfernung sehr gut hören kann. Deshalb kann man mit Trommeln gut **Botschaften** an schwer erreichbare Orte übermitteln, zum Beispiel ins Amazonasgebiet in Südamerika.

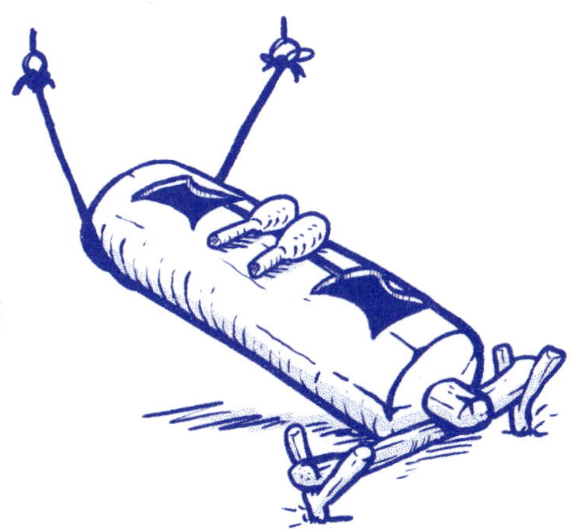

Dort wohnen die Bora – ein Volk, das eine eigene **Trommelsprache** hat. Mit zwei großen Trommeln, hergestellt aus ausgehöhlten Baumstämmen, können sie über große Distanzen hinweg über alles Mögliche sprechen. Jeder Trommelschlag steht dabei für die Silbe eines Wortes.

Im deutschen Sprachgebiet wird keine Trommelsprache benutzt, aber es gibt eine Redewendung, in der eine Trommel vorkommt: *Viel Tamtam um etwas machen*. Das bedeutet: Eine Sache aufbauschen. Ein Tamtam ist ein ostasiatisches Schlaginstrument.

Rauchzeichen

Einige **indigene Gruppen** verwendeten sie früher, um Nachrichten zu verbreiten, und auch bei den Pfadfindern kann man sie noch lernen: **Rauchzeichen**. Rauchzeichen macht man, indem man eine (nasse) Decke in einem bestimmten Rhythmus über ein Feuer hält und wieder wegzieht. Wirklich komplizierte Nachrichten kann man damit nicht übermitteln, aber dafür sind Rauchsignale aus einer großen Entfernung sichtbar.

Weißer Rauch

Rauchzeichen werden auch bei der Wahl eines neuen Papstes verwendet. Alle Kardinale reisen dann nach Rom, um abzustimmen. Der Kardinal mit zwei Dritteln der Stimmen wird der neue Papst. Aber oft bekommt niemand sofort zwei Drittel aller Stimmen. Wenn das passiert, kommt schwarzer Rauch aus dem Schornstein der Sixtinischen Kapelle. Am nächsten Tag wird dann wieder abgestimmt. Wenn der neue Papst schließlich gewählt wurde, kommt **weißer Rauch** aus dem Schornstein.

Semaphor

Ein besonderes Kommunikationssystem von früher ist der **Semaphor**. Das war eine **Holzkonstruktion**, mit der man verschiedene Formen bilden konnte. Alle paar Kilometer gab es einen **Turm** mit einer solchen Konstruktion. Jemand auf dem Turm kopierte dann die Form, die er beim vorherigen Turm sah, und danach übernahm jemand auf dem nächsten Turm wiederum diese Form und so weiter. So konnte eine Nachricht schnell hunderte Kilometer weit geschickt werden. Diese Kommunikationsmethode nannte man auch **optische Telegraphie**. Wenn es dunkel oder neblig war, funktionierte dieses System allerdings nicht so gut.

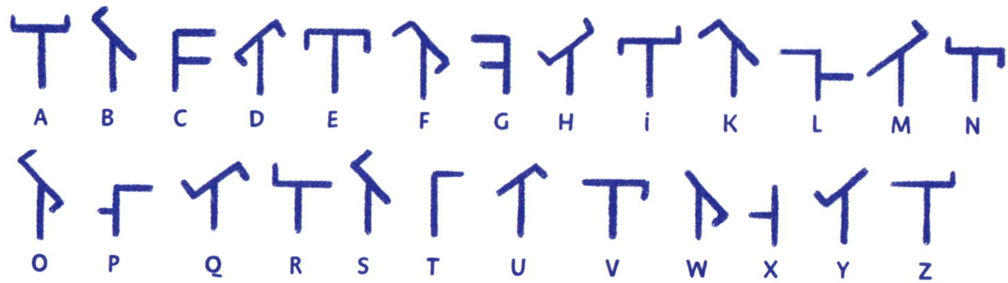

Auf See

Auf dem rauen stürmischen Meer ist es etwas schwieriger, zu trommeln oder ein Feuer zu entzünden. Früher wurden deshalb oft Flaggen zu Hilfe genommen. Es gab ein Alphabet mit **Flaggenzeichen**: das Flaggenalphabet. Die Zeichen kann man mit den Semaphorzeichen vergleichen, die hier oben abgebildet sind. Das Flaggenalphabet siehst du auf der nächsten Seite.

In der Schifffahrt gibt es auch noch ein anderes System mit Flaggenzeichen, das schon seit Jahrhunderten verwendet wird. Dabei werden eine oder mehrere Flaggen gehisst, die zusammen eine Nachricht bilden.

Die Flaggen können für einen Buchstaben, eine Zahl oder eine bestimmte Botschaft stehen. Die Flagge steht für den Buchstaben O, aber bedeutet auch „Mann über Bord".

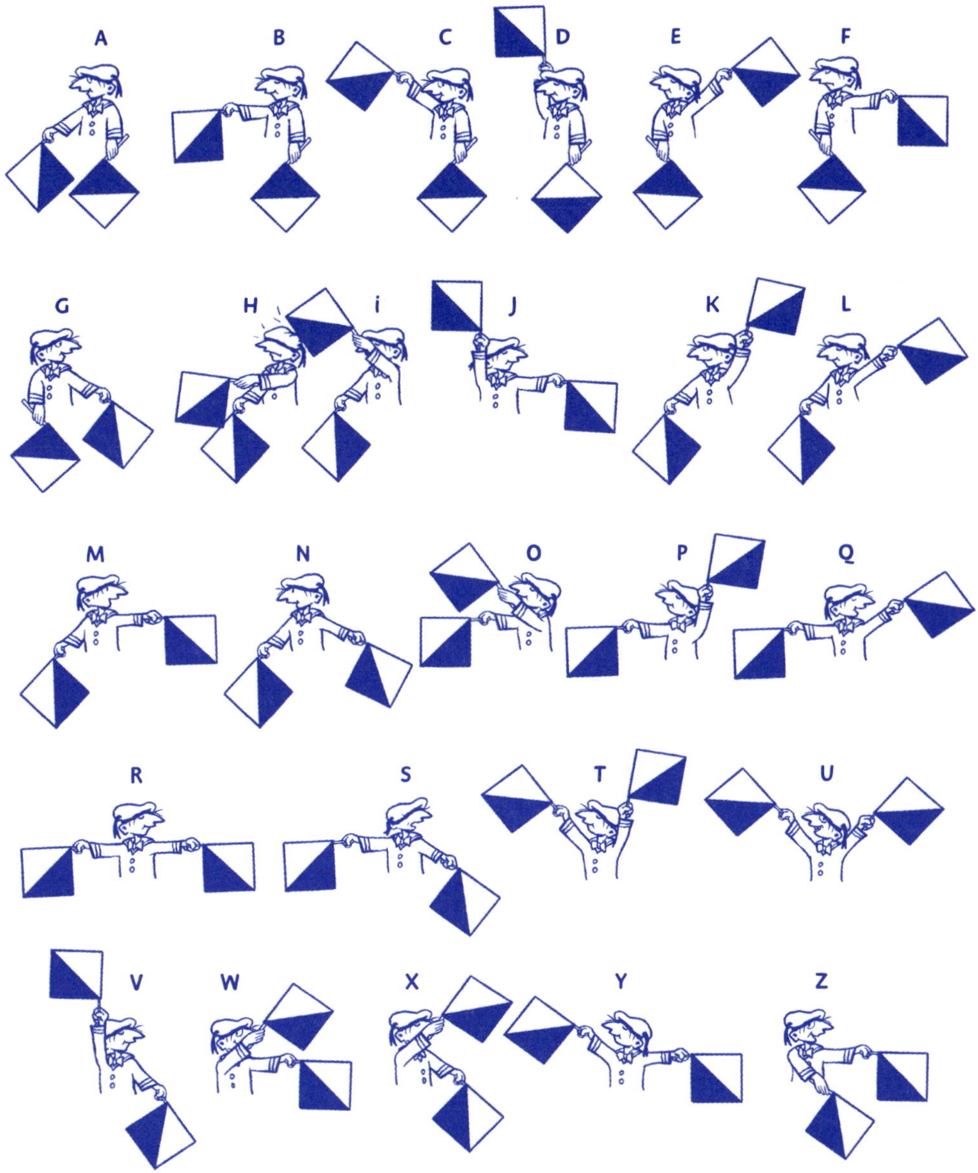
A
B
C
D
E
F
G
H
i
J
K
L
M
N
O
P
Q
R
S
T
U
V
W
X
Y
Z

Und diese Flagge  steht für den Buchstaben V, bedeutet aber auch „Ich brauche Hilfe".

Wenn man Flaggen kombiniert, kann man komplexere Botschaften übermitteln. Einzeln und kombiniert haben sie jeweils eine andere Bedeutung:

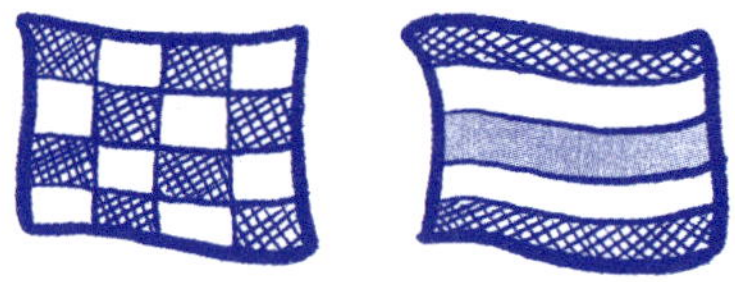

N + C = Gefahr droht, wir brauchen Hilfe.

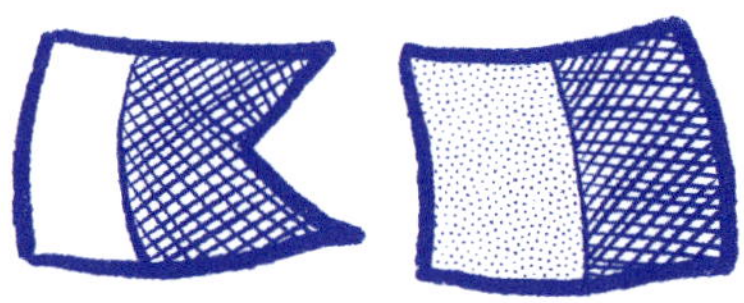

A + K = An Bord hat sich ein nuklearer Unfall ereignet.

Es geht auch noch komplizierter:

M+A+M+12 = Der Patient ist schon seit 12 Tagen krank.

Das Buchstabieralphabet

Wenn die Telefonverbindung oder die Funkverbindung schlecht ist und es knarzt und rauscht, kann man die Person am anderen Ende kaum verstehen. Deshalb werden Buchstaben in solchen Situationen oft mit einem besonderen Alphabet aufgesagt. H-A-L-L-O heißt dann HOTEL-ALFA-LIMA-LIMA-OSCAR.

	Deutschland	Österreich	Schweiz	International
A	Anton	Anton	Anna	Alfa
Ä	Ärger	Ärger	Äsch	–
B	Berta	Berta	Berta	Bravo
C	Cäsar	Cäsar	Cäsar	Charlie
CH	Charlotte	Charlotte	Chiasso	Charlie-Hotel
D	Dora	Dora	Daniel	Delta
E	Emil	Emil	Emil	Echo
F	Friedrich	Friedrich	Friedrich	Foxtrot
G	Gustav	Gustav	Gustav	Golf
H	Heinrich	Heinrich	Heinrich	Hotel
I	Ida	Ida	Ida	India
J	Julius	Julius	Julius	Juliett
K	Kaufmann	Konrad	Kaiser	Kilo
L	Ludwig	Ludwig	Leopold	Lima
M	Martha	Martha	Marie	Mike
N	Nordpol	Nordpol	Niklaus	November
O	Otto	Otto	Otto	Oscar
Ö	Ökonom	Österreich	Örlikon	–
P	Paula	Paula	Peter	Papa
Q	Quelle	Quelle	Quasi	Quebec
R	Richard	Richard	Rosa	Romeo

S	Samuel	Siegfried	Sophie	Sierra
T	Theodor	Theodor	Theodor	Tango
U	Ulrich	Ulrich	Upsala	Uniform
Ü	Übermut	Übel	Übermut	–
V	Viktor	Viktor	Viktor	Victor
W	Wilhelm	Wilhelm	Wilhelm	Whiskey
X	Xanthippe	Xaver	Xaver	X-ray
Y	Ypsilon	Ypsilon	Yverdon	Yankee
Z	Zacharias	Zürich	Zürich	Zulu

In Deutschland wurde das Buchstabieralphabet von den Nationalsozialisten im Zweiten Weltkrieg verändert: Biblische und jüdische Namen wurden durch andere Wörter ersetzt. 2022 soll ein neues Buchstabieralphabet veröffentlicht werden, in dem diese Änderungen wieder rückgängig gemacht werden.

Blinklichter

Auf See wird auch oft mit **Lichtsignalen** gearbeitet. Eine starke Lampe ist kilometerweit sichtbar! Nachrichten werden verschickt, indem mit der Lampe geblinkt wird. Der Code, der meistens dafür verwendet wird, wurde von Samuel Morse erfunden.

Morsecode

Der Morsecode ist ein Alphabet mit kurzen und langen Signalen, mit denen man über weite Entfernungen hinweg ganz einfach kommunizieren kann.

Herr Morses Code

Der Morsecode wurde nach seinem Erfinder benannt: **Samuel Morse**. Der hat im neunzehnten Jahrhundert in Amerika gelebt. Eigentlich war er Maler. Er durfte sogar ein Portrait vom Präsidenten der Vereinigten Staaten malen! Erst im fortgeschrittenen Alter fing er an, sich für Technik zu interessieren.

Damals gab es noch keine Möglichkeit, über weite Entfernungen miteinander zu kommunizieren. Das Telefon wurde erst nach dem Tod von Samuel Morse erfunden. Es heißt, Morse sei weit weg von zu Hause gewesen, als ein Kurier ihm die Nachricht überbracht habe, dass seine Frau gestorben war. So schnell wie möglich reiste er nach Hause, aber als er dort ankam, war sie schon begraben. Das machte ihn so traurig, dass er sich mit der **Fernkommunikation** beschäftigte.

Der Telegraph

Das neunzehnte Jahrhundert war ein Jahrhundert der großartigen Erfindungen und Entdeckungen. Menschen fingen an, mit **Elektrizität** zu experimentieren. Damit konnte man zum Beispiel Lampen zum Leuchten bringen.

Aber man konnte Elektrizität auch dafür verwenden, um aus der Ferne miteinander zu kommunizieren. Das System hieß Telegraph und funktionierte, indem **elektrische Stromstöße** durch ein Kabel geschickt wurden. Das Kabel konnte sehr lang sein: Es wurde sogar ein tausende Kilometer langes Kabel von Amerika nach Europa über den Meeresboden verlegt. Mit dem Telegraphen wurde es zum ersten Mal in der Geschichte der Menschheit möglich, dass zwei Kontinente miteinander kommunizieren konnten!

Das einzige Problem war, dass man nur elektrische Stromstöße über die Kabel versenden konnte. Es war nicht möglich, miteinander zu sprechen. Wie sollte man also Nachrichten verschicken? Morse hatte eine fabelhafte Idee. Er dachte sich ein Alphabet **mit kurzen und langen Stromstößen** aus: jeder Buchstabe des Alphabets (und die Zahlen 0 bis 9) bekamen ein eigenes Zeichen:

Schon bald wurde der Code von Samuel Morse auf der ganzen Welt verwendet. Er war sehr einfach und auch wenn die Verbindung nicht besonders gut war, konnte man problemlos kommunizieren. Außerdem konnte man den Code auch anders verwenden. Zum Beispiel, indem man mit einer Lampe blinkte oder gegen eine Wand klopfte.

A	• —
B	— • • •
C	— • — •
D	— • •
E	•
F	• • — •
G	— — •
H	• • • •
I	• •
J	• — — —
K	— • —
L	• — • •
M	— —
N	— •
O	— — —
P	• — — •
Q	— — • —
R	• — •
S	• • •
T	—
U	• • —
V	• • • —
W	• — —
X	— • • —
Y	— • — —
Z	— — • •
1	• — — — —
2	• • — — —
3	• • • — —
4	• • • • —
5	• • • • •

Am häufigsten wurde die Methode jedoch mit kurzen und langen Pieptönen über Funkwellen verwendet. Auf großen Schiffen fuhren sogar besondere Mitarbeiter mit: die Funker. Sie konnten Morsezeichen verschicken und empfangen. Mit Kopfhörern hörten sie sich die Pieptöne an, die sie in Buchstaben umwandelten.

6 — • • • •
7 — — • • •
8 — — — • •
9 — — — — •
0 — — — — —

. • — • — • —
, — — • • — —
? • • — — • •
! — • — • — —

••• — — — •••

Das bekannteste Wort im Morsecode ist natürlich: ••• — — — •••. Zu Beginn des zwanzigsten Jahrhunderts wurde vereinbart, dass das der Code für Notfälle sein sollte. Diese Zeichen (drei Mal kurz, drei Mal lang, drei Mal kurz) wurden ausgewählt, weil man sie so gut erkennen konnte. Die Titanic verschickte dieses Notsignal zum Beispiel, als das Schiff 1912 anfing, zu sinken. ••• — — — ••• im Morsecode steht für SOS, aber SOS selbst hat keine Bedeutung.

Wie gut kennst du den Morsecode?

.-- . .-.   -.. .- ...   .-.. .. . ... -   .. ... -   -.. --- --- ..-.   -.-.--

Lösung: Wer das liest ist doof!

Mit Marsmännchen chatten

Der Morsecode wurde auch dazu verwendet, um Nachrichten an **außerirdische Wesen** zu senden. 1962 schickten die Russen das Wort Frieden als Morsecode in die Richtung des Planeten Venus. Ob es dort von grünen Männchen aufgeschnappt wurde, ist unbekannt. Sie haben jedenfalls keine Antwort zurückgeschickt.

Außerirdische Wesen kennen den Morsecode wahrscheinlich gar nicht. Und sollten sie ihn entschlüsseln, bringt ihnen das nicht besonders viel, weil sie nicht wissen, was das Wort *Frieden* bedeutet. Aber wie schickt man dann an außerirdische Wesen eine Nachricht, die sie verstehen können?

Was schreiben wir?

Das Problem ist natürlich, dass Außerirdische unsere Sprache nicht sprechen. Es gibt **tausende Sprachen** auf der Welt, aber die Wahrscheinlichkeit, dass jemand im Weltall eine davon spricht, ist nicht besonders hoch.

Ein anderes Problem ist das Kodieren der Nachricht. Auf der Erde verwenden wir Alphabete, um Botschaften auszutauschen. Diese Alphabete sind Vereinbarungen: der Buchstabe A wird wie ein „a" ausgesprochen, das Schriftzeichen さ als „sa" und 녕 „nyeong", das Morsezeichen „···" ist ein S. Diese Vereinbarungen kann man lernen. Aber wie schafft man es, dass außerirdische Wesen diese Vereinbarungen verstehen? Anders ausgedrückt: Wie schafft man es, dass er oder sie oder es die Botschaft entschlüsseln kann?

Die Arecibo-Botschaft

1974 schickten Wissenschaftler eine Nachricht ins All, die als **Arecibo-Botschaft** bekannt ist. Die Nachricht trägt diesen Namen, weil sie vom Arecibo-Observatorium in Puerto Rico verschickt wurde. Die Botschaft bestand aus **1679 Zeichen**, die „ein-" oder „ausgeschaltet" waren. Warum 1679? Weil 1679 eine Zahl ist, die nur durch 23 und 73 teilbar ist. Und deshalb konnten die Zeichen in einem Rechteck von 23 mal 73 Zeichen angeordnet werden. Das sieht dann so aus:

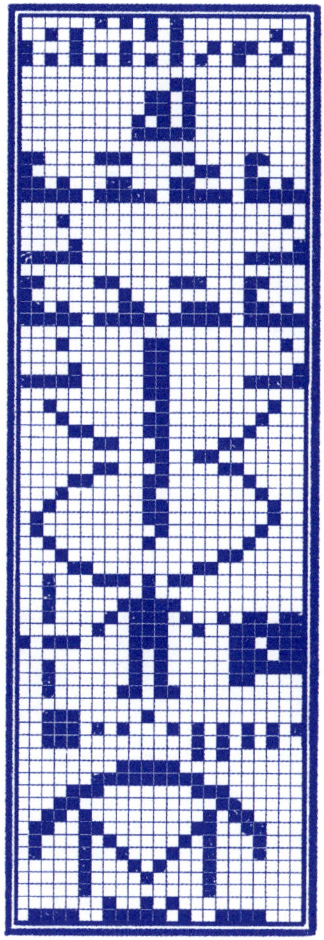

Das „Alphabet", mit der die Botschaft verschickt wurde, bestand also aus den Buchstaben „an" und „aus": Das sind die grundlegendsten Zeichen, die es gibt. **Außerirdische Wesen** sollten sie also auch verstehen können.

Das Bild beinhaltet verschiedene Botschaften. Ganz unten sieht man zum Beispiel ein Teleskop, und darüber einen Menschen. Die oberste Reihe mit Punkten stellt die Zahlen 1 bis 10 dar, im binären System, in dem Zahlen aus Nullen und Einsen bestehen. Das Symbol darunter besteht aus fünf Spalten, die jeweils eine binäre Zahl darstellen: 1, 6, 7, 8 und 15. Das sind die Atomzahlen von Wasserstoff, Kohlenstoff Stickstoff, Sauerstoff und Phosphor – der Bausteine unserer DNA.

Die Menschen, die sich diese Botschaft ausgedacht haben, waren ziemlich schlau: Sie haben keine menschliche Sprache verwendet, sondern die **Sprache der Wissenschaft**. Diese Sprache ist nämlich **universell**: im ganzen Weltall existieren Zahlen, und überall gilt 1+1=2. Zusätzlich haben sie Eigenschaften von Atomen abgebildet, um etwas über uns mitzuteilen, denn auch Atome sind universell.

Pioneer

Wissenschaftler schicken nicht nur Funkbotschaften ins All. Wenn du das hier liest, schießt die *Pioneer 10* mit einer Geschwindigkeit von fast zwölf Kilometern pro Sekunde aus unserem Sonnensystem und ist achtzehn Milliarden Kilometer von der Erde entfernt. Die *Pioneer* ist eine **unbemannte Raumsonde**. An Bord befindet sich eine rechteckige Platte, die etwas kleiner ist als ein DIN-A4-Blatt, und darauf befindet sich diese Abbildung:

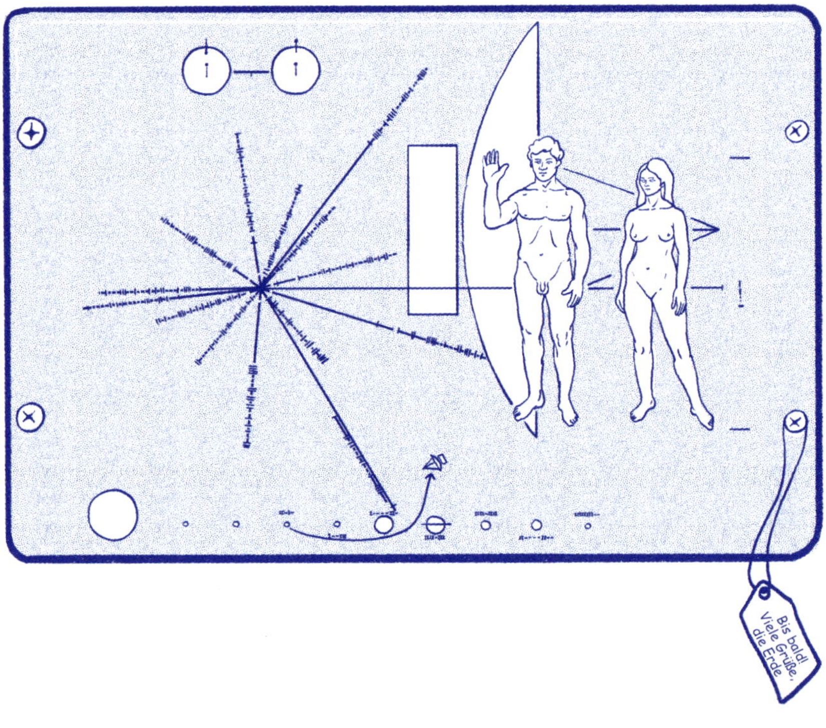

Die Wissenschaftler, die die Zeichnung konzipiert haben, wollten den außerirdischen Wesen, die die Nachricht vielleicht einmal finden würden, verschiedene Informationen übermitteln. Zum Beispiel, wie wir aussehen. Weil sie einen Mann und eine Frau direkt neben die Sonde gezeichnet haben, kann man sofort erkennen, wie groß wir ungefähr sind.

Aber wie erklärt man, wo die **Erde** liegt? Unten kann man die Sonne und die Planeten sehen, mit einem Pfeil bei der Erde. Wie man unsere Sonne zwischen all den anderen Sternen finden soll, wird mithilfe der Linien darüber erklärt. Die Linien zeigen den Abstand unserer Sonne zu einigen **Pulsaren** an. Das sind schnell rotierende Sterne, die wie Leuchttürme ein blinkendes Licht senden. Jeder Pulsar blinkt in seinem eigenen, einzigartigen Tempo. Die Blinkgeschwindigkeit wird durch kleine Striche auf jeder Linie angegeben, und im binären System, genau wie bei der Arecibo-Botschaft.

Das klingt kompliziert? Stimmt schon, aber es ist nicht unmöglich, diese Botschaft zu entschlüsseln, und genau darum geht es. Auch hier verwendeten die Entwickler eine universelle Sprache zur Kommunikation. Und man kann von den Außerirdischen ja wohl erwarten, sich etwas Mühe zu geben.

Wann schreiben sie zurück?

Die Arecibo-Botschaft kommt in **24.000** Jahren bei der Sternengruppe an, zu der sie geschickt wurde. Das bedeutet, dass wir frühestens im Jahr 49.974 eine Antwort erwarten können. Und die Pioneer kommt erst in **90.000** Jahren zum ersten Mal in die Nähe eines anderen Sterns. Wir müssen uns also

noch etwas gedulden. Hoffentlich hören wir schneller von der Botschaft, die 2008 zum **Exoplaneten Gliese 581c** geschickt wurde. Das ist ein Planet in einem anderen Sonnensystem. Die Botschaft kommt 2029 an. Sollte jemand zu Hause sein, könnte die Antwort bereits **2050** bei uns ankommen!

Geheimschrift

Was, wenn man Nachrichten verschicken will, die niemand lesen darf? Niemand, außer deinem Komplizen oder einer geheimen Freundin? Dann denkst du dir eine **Geheimschrift** aus!

Schlüssel

Eine Geheimschrift ist eine Nachricht, die man nicht ohne Weiteres lesen kann. Man muss sie erst **entschlüsseln**. Und dafür benötigt man den richtigen **Schlüssel**.

Für diese Nachricht

AJWWVJYJ QJJW. GWNSL HMNUX ZSI QNRT RNY.

braucht man zum Beispiel den Schlüssel „5". Das bedeutet, dass jeder Buchstabe im Alphabet um fünf Plätze verschoben wurde. Das F steht also für ein A, das G für ein B, das H für ein C und so weiter.

VORRAETE LEER. BRING CHIPS UND LIMO MIT.

Durchgeschüttelte Buchstaben und Zahlen

Geheimschriften sind fast so alt, wie die Schrift selbst. Die gerade vorgestellte Methode wurde auch schon von Julius Cäsar verwendet! Oft werden für Geheimschriften normale Buchstaben und Zahlen verwendet – aber nach einem besonderen Prinzip.

1917, während des **Ersten Weltkriegs**, schickten die Deutschen eine Nachricht nach Mexiko. Sie fragten, ob die Mexikaner zusammen mit den Deutschen gegen die Vereinigten Staaten kämpfen wollten. Damit die Amerikaner nichts davon mitbekamen, haben sie das heimlich gemacht: Sie schrieben ihre Nachricht in einer Geheimschrift. Allerdings entschlüsselten die Engländer die Botschaft und erzählten den Amerikanern davon. Die kämpften dann gegen Deutschland, und Deutschland verlor ein Jahr später den Krieg.

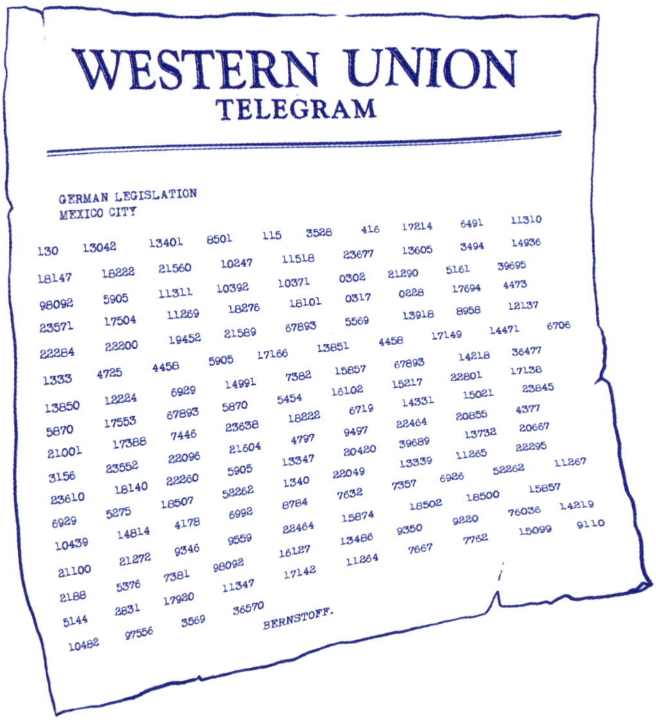

Diese Nachricht ist unter dem Namen „Zimmermann-Depesche" bekannt. Sie bestand nur aus Zahlen. Jede Zahl stand für ein Wort, das in einem Codebuch herausgesucht werden konnte. 4377 bedeutete zum Beispiel *geheim* und 67893 *Mexiko*.

Wusstest du schon …

… dass du jedes Mal, wenn du eine Nachricht mit deinem Handy verschickst, eine Geheimsprache benutzt? Deine Nachricht wird verschlüsselt verschickt, damit sie nur die Person lesen kann, an die du sie schickst. Das sieht ungefähr so aus:

VgTMu2iQLtphN7oObhWzUIf9O3MlqMnBCiOp4VFGebnJcDvullUB4OYZD6ZLIecN
8BsqsVlqawJbtWpmRf8973Yg2bicP0ISCwFaoDvR8C+wb3h9nJ9EZeO/mZGjJweR
A6yXK7wyp6JHnvACwFhUkTno7nrdq8cDaG4ssolsUSKnON87ycLFWq/mNs9fhqzF
Y3y7Q4f7hA4EL83+bxc4YGqzirWHeVXetZdft018+0Oz2Au8gRG5AVd+DX+xlr56
mJlkrlzYWG7HuEl8CRS7rAZHgRAIV3I7WDeNEYyBQNt/MfzUQY9+BmbtCsTlOnda
j8IkiL0QIW/9ZyvifxpvzKGKhxdXoqJWVSXLKHGk1qvY9epgw7QWk15crlti0Q4+
aDXvNieN9imk3UNQe2rncqzIKlbxasjparCKXiErQGFjldtTLrZcf7KjNOJuVG9

Die Geheimschrift von Babington

Für Geheimschriften wurden auch besondere Alphabete erfunden. Ein berühmtes Beispiel ist die Geheimschrift von Babington aus dem sechszehnten Jahrhundert. **Anthony Babington** wollten die damalige Königin Elizabeth ermorden. Diesen Plan hatte er zusammen mit einigen anderen geschmiedet, zum Beispiel mit **Maria Stuart**, der Königin von **Schottland**, die im Gefängnis saß. Sie kommunizierten in einer selbsterfundenen Geheimschrift miteinander, mit besonderen Zeichen für jeden Buchstaben und zusätzlichen Zeichen für häufig vorkommende Wörter.

Der Plan ging nicht auf. Der Code wurde entschlüsselt, Maria Stuart wurde geköpft und Babington und die anderen wurden erhängt und gevierteilt.

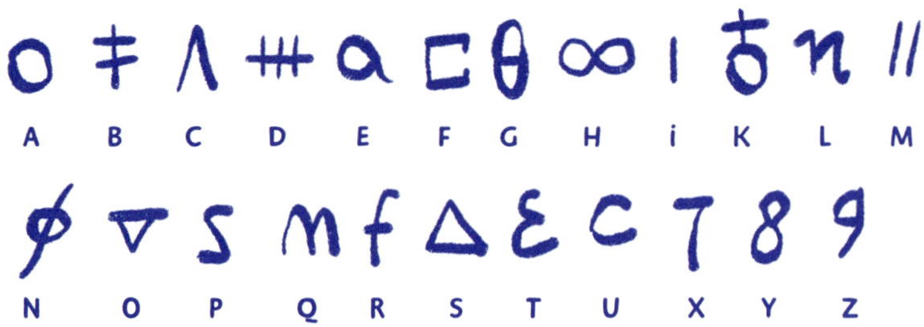

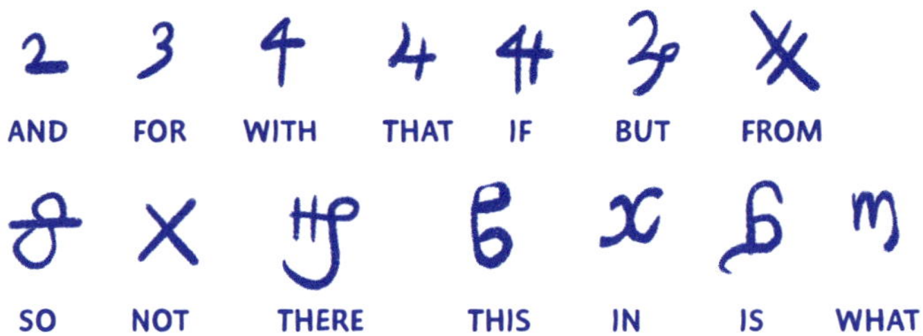

Tagebuchgeheimnisse

Eine Geheimschrift muss man nicht mit jemandem teilen. Die berühmte Kinderbuchautorin **Beatrix Potter** (sie hat unter anderem *Die Geschichten von Peter Hase* geschrieben) hat sich mit 14 Jahren eine Geheimschrift ausgedacht, damit ihre Mutter ihre Tagebücher nicht lesen konnte. Die Geheimschrift wurde erst Jahre nach ihrem Tod entschlüsselt.

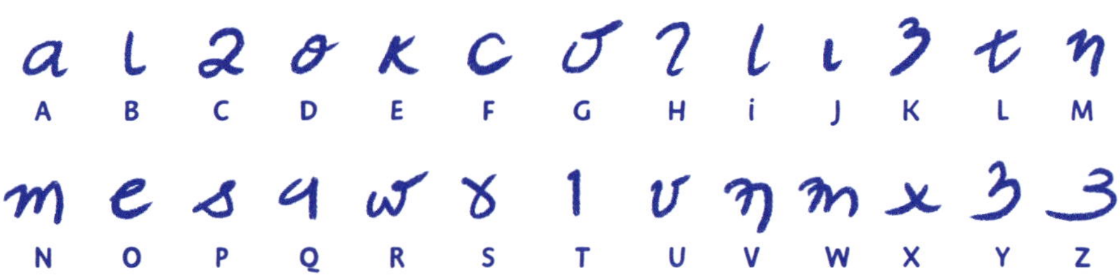

Als Geheimschrift kann man natürlich auch Buchstaben aus einem anderen Alphabet verwenden. Weißt du, was hier steht?

Lösung: Geheim (in Runenschrift)

Das Voynich-Manuskript

1912 bekam der Buchhändler Wilfrid Voynich ein ganz besonderes Buch in die Hände. Es handelte sich um ein jahrhundertealtes Manuskript voller geheimnisvoller Zeichnungen, das in einer unbekannten Schrift geschrieben war. Bis heute weiß man nicht, was dort steht. Manche Leute glauben, dass das Manuskript in einer Sprache geschrieben wurde, die nicht mehr existiert, oder in einem selbst ausgedachten Alphabet. Andere glauben, dass es sich um eine Geheimschrift handelt. Wieder andere behaupten, das Ganze sei einfach nur ein Scherz.

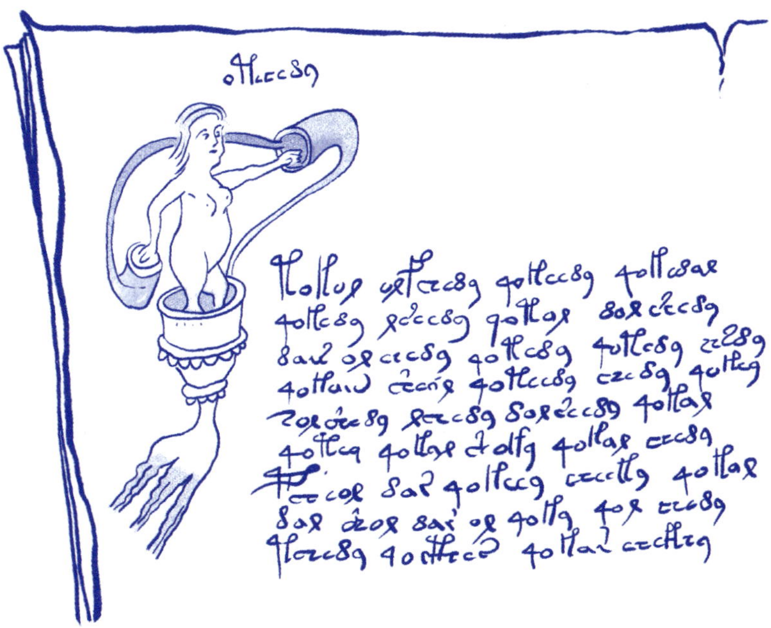

Erfundene Alphabete

Wusstest du, dass es Alphabete für Sprachen gibt, die gar nicht existieren? Das klingt merkwürdig, oder? Wann benutzt man die dann überhaupt? Zum Beispiel in Büchern und Filmen!

Der Herr der Kunstsprachen

J.R.R. Tolkien ist vor allem für seine Bücher *Der Hobbit* und *Der Herr der Ringe* bekannt. Aber er war auch Professor für englische Sprachwissenschaften und arbeitete eine Zeit lang an einem großen englischen Wörterbuch mit. Tolkien war verrückt nach Sprachen. Als Kind lernte er neben Latein und Griechisch auch Finnisch und Gotisch, und später hat er sich auch mit Walisisch, Altisländisch und Altenglisch beschäftigt.

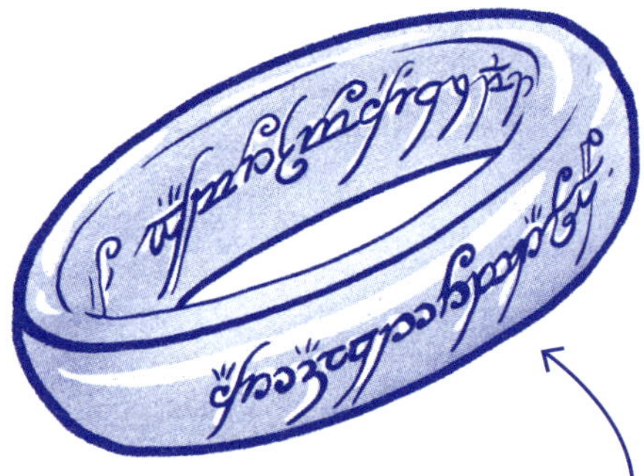

Der Text auf dem Ring aus den Geschichten von Tolkien ist in der Schwarzen Sprache geschrieben, in Tengwar-Buchstaben

Außerdem liebte Tolkien Kunstsprachen. Das sind Sprachen, die nicht von selbst entstanden sind, sondern die jemand erfunden hat. In Tolkiens Zeit war die Plansprache **Esperanto** sehr beliebt. Die Sprache wurde 1887 von dem polnischen Arzt Ludwig Zamenhof erfunden. Er hoffte, dass das Esperanto dabei helfen würde, Menschen verschiedener Kulturen besser zusammenzubringen. Tolkien lernte Esperanto, aber fing auch an, selbst Sprachen zu erfinden.

Tengwar

Die bekannteste Sprache, die Tolkien erfunden hat, heißt **Quenya**. Als er später Bücher schrieb, ließ er die **Elben** diese Sprache sprechen. Tolkien entwarf nicht nur die Sprache, sondern erschuf auch ein eigenes Alphabet für das Quenya: **das Tengwar**.

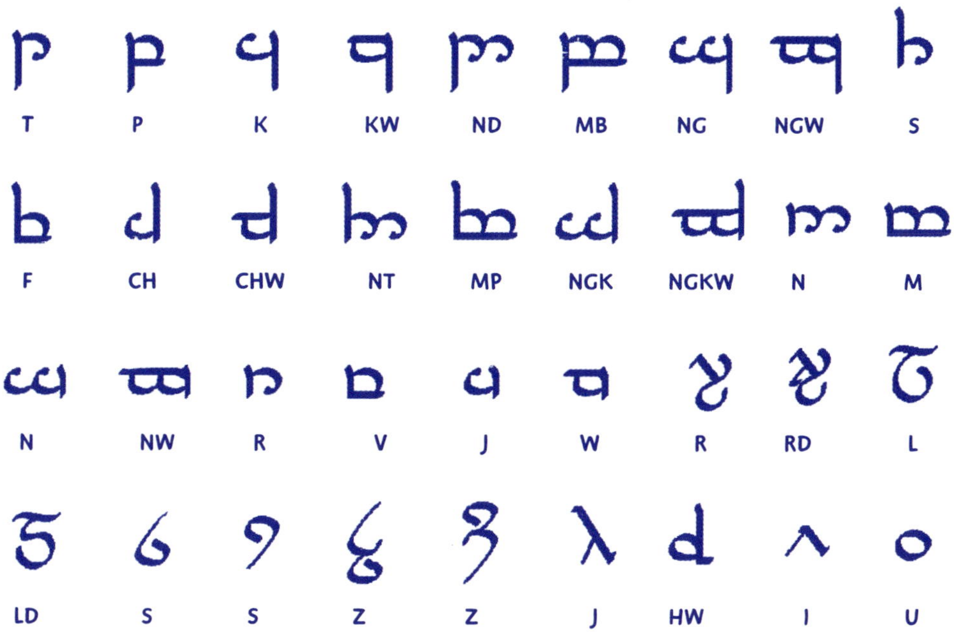

Das Tengwarsystem ähnelt dem hebräischen und dem arabischen Alphabet: die Buchstaben sind **Konsonanten**, und über den Konsonanten werden **besondere Zeichen** angebracht, die den Laut danach angeben. Das Wort *falma* (Welle) schreibt man also mit den Buchstaben *flm* und mit dem Zeichen für den Laut „a“ über dem F und dem M.

FALMA (WELLE)

Genau wie echte Alphabete wird das Tengwar auch für andere (von Tolkien erdachte) Sprachen verwendet. Und genau wie bei echten Alphabeten wird es an jede Sprache leicht angepasst!

Klingonisch

In der Fernsehserie Star Trek gibt es viele fremde Wesen von anderen Planeten. Die bekanntesten sind die Klingonen, die ihre eigene Sprache sprechen: Klingonisch.

*NUKNECH;
WAS WILLST DU?

Klingonisch wurde von dem Sprachwissenschaftler **Marc Okrand** erfunden. Er sammelte allerlei Laute aus verschiedenen Sprachen und bastelte daraus eine neue Sprache. Klingonisch kann ganz schön aggressiv klingen – aber das ist schon in Ordnung, denn Klingonen sind schließlich wilde Krieger. Im Internet findet man viele Videos, in denen Klingonisch gesprochen wird.

Auf der ganzen Welt gibt es ungefähr zwanzig Menschen, die diese Sprache sprechen. Klingonisch hat ein eigenes Alphabet, das pIqaD (sprich „Pikaat") heißt:

Turbo-Alphabete

Wenn ich ganz schnell etwas aufschreibe, sieht das oft unabsichtlich wie eine Geheimschrift aus:

Meistens weiß ich noch, was da steht, aber gut lesen kann man es nicht – und einen Tag später erst recht nicht mehr!

Kurzschrift

Unser Alphabet eignet sich nicht besonders gut zum schnellen Schreiben. Das ist problematisch, wenn man versucht, das aufzuschreiben, was Menschen gerade sagen. Man spricht dann vom **Protokollieren**.

Das wird oft bei **Konferenzen** gemacht, aber auch bei politischen **Debatten**, oder wenn ein Journalist jemanden für einen Zeitungsartikel **interviewt**. Dann ist es natürlich nicht so praktisch, wenn man anschließend nicht mehr lesen kann, was man aufgeschrieben hat.

Deshalb gibt es **Kurzschriften**. Das sind Schriften, die man extrem schnell schreiben kann – so schnell, wie jemand spricht. Und diese Schriften kann man im Nachhinein immer noch gut lesen. Kurzschrift wird auch Schnellschrift, **Stenografie**, oder abgekürzt **Steno** genannt.

Buchstaben in Kurzschrift sind so stark vereinfacht worden, dass man sie super schnell schreiben kann. Oft bestehen sie nur aus einem Strich.

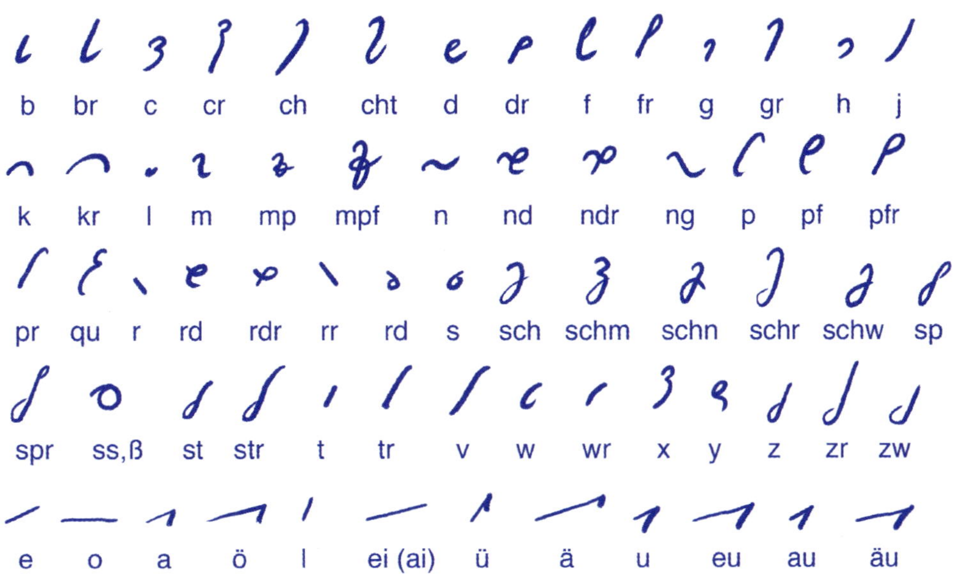

Schreiben, was man hört

Bei einer Kurzschrift ist nur eines wichtig: das Tempo! Es wird deshalb auch nicht zwischen Groß- und Kleinbuchstaben unterschieden. Und wie ein Wort geschrieben wird, ist auch nicht so wichtig. *Beet* und *Bett* sehen in der Kurzschrift oft gleich aus. Durch den Kontext verstehen die Leser, was gemeint ist.

Andere Kurzschriften

Die Beispiele von den letzten Seiten stammen von der **Deutschen Einheitskurzschrift**. Sie wurde 1924 von einer **Expertengruppe** erstellt, die sich von älteren Kurzschriften hat inspirieren lassen. Vorher gab es verschiedene Kurzschriftensysteme, zum Beispiel von **Gabelsberger**, **Stolze-Schrey** und **Faulmann**, die miteinander um das beste System konkurrierten, bis Gabelsberger vorschlug, zusammen eine einheitliche Kurzschrift zu erfinden. In Deutschland und Österreich wird hauptsächlich die Deutsche Einheitskurzschrift genutzt, in der Schweiz wird das System Stolze-Schrey bevorzugt. Es gibt aber auch modernere Kurzschriften, die noch einfacher sein sollen, zum Beispiel die Stiefografie.

Kurzschrift wird immer seltener verwendet. Das hat vor allem damit zu tun, dass man Gespräche jetzt ganz einfach **aufnehmen** kann, um sie sich später in Ruhe anzuhören.

Alphabete für blinde und taube Menschen

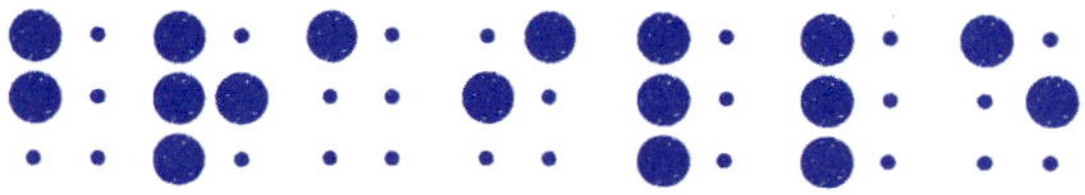

Diese Punkte sind eigentlich nicht zum Sehen gedacht, sondern zum **Ertasten**. Es sind Buchstaben, die als kleine Hubbel auf das Papier gedruckt werden. Dadurch können sie von **Blinden und Menschen mit Sehschwäche** gelesen werden. Die hier abgebildeten Buchstaben bilden das Wort ***Braille***, so heißt das Alphabet. Es wurde im neunzehnten Jahrhundert von dem Franzosen Louis Braille erfunden, der selbst blind war.

Die Brailleschrift ist sehr übersichtlich aufgebaut. Jeder Buchstabe dieser Schrift besteht aus einem Block von sechs Punkten, von denen einige tastbar sind. Die ersten zehn Buchstaben (A bis J) bestehen aus Punkten in den obersten zwei Reihen

1. Reihe:

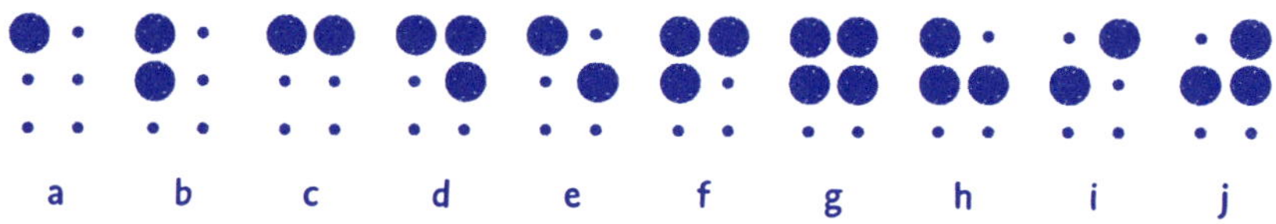

Die Buchstaben in der zweiten Reihe (K bis T) sind wie die Buchstaben aus der erste Reihe, haben aber einen zusätzlichen Punkt links unten:

2. Reihe

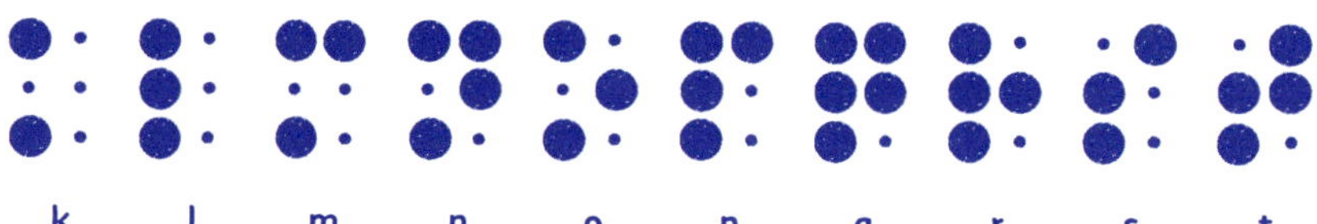

In der dritten Reihe stehen die Buchstaben U bis Z, mit zwei zusätzlichen Punkten in der untersten Reihe:

3. Reihe:

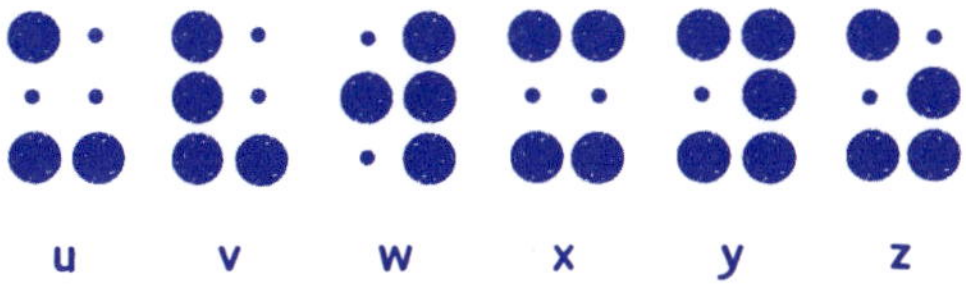

Wenn du genau hinsiehst, erkennst du, dass das beim W nicht stimmt. Das passt nicht ordentlich in die Reihe. Herr Braille wollte ursprünglich auch kein W in seinem Alphabet, weil das W damals kein offizieller Buchstabe des französischen Alphabets war. Er platzierte es deshalb in der vierten Reihe, neben den Buchstaben ç, ê und ü.

3. Reihe:

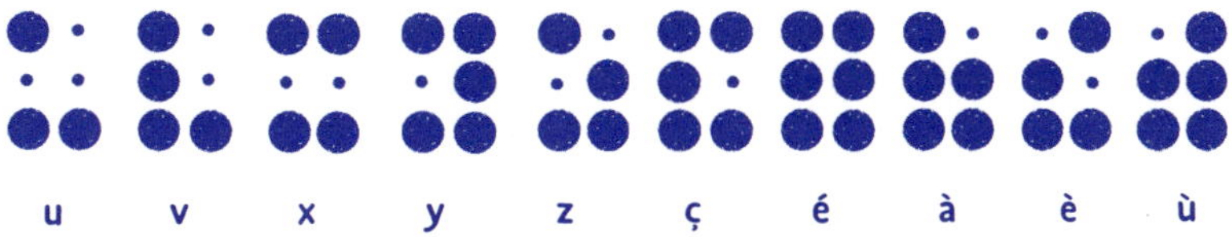

4. Reihe:

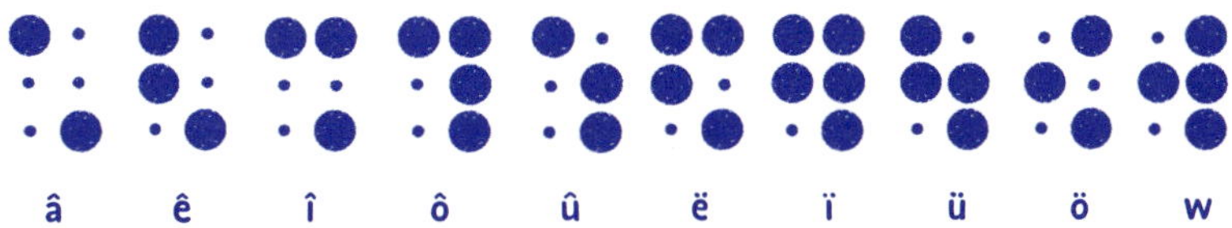

Die Brailleschrift wird in vielen Ländern verwendet. Und genau wie beim „normalen“ Alphabet gibt es kleine Unterschiede zwischen den Braillealphabeten in den verschiedenen Ländern. Das ⠟ ist in vielen Ländern zum Beispiel ein q, aber in Ungarn ist es das ö. Das ungarische q ist das ⠯, was in Frankreich wiederum das ç ist.

Großbuchstaben und Zahlen in Brailleschrift

Herr Braille hat sechs Punkte pro Buchstaben benutzt. Damit konnte er maximal **63 verschiedene Buchstaben** bilden. Mit den 26 Buchstaben des Alphabets und den 14 Buchstaben mit Akzenten hatte er schon 40 Buchstaben. Das war ein Problem, denn er musste auch noch alle Großbuchstaben, Zahlen und Satzzeichen erstellen!!

AUSRUFEZEICHEN

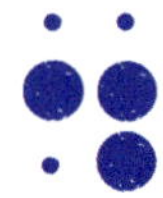

PUNKT

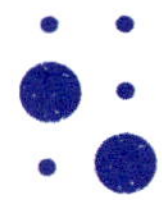

FRAGEZEICHEN

KOMMA

Statt sechs Punkten pro Buchstaben hätte Herr Braille acht Punkte nehmen können, um dieses Problem zu lösen. Auf diese Weise wären 255 Zeichen möglich gewesen. Allerdings wäre dann jeder Buchstabe schwieriger zu lesen gewesen. Braille hatte eine viel bessere Idee. Statt eigene Buchstaben für alle Großbuchstaben und Zahlen zu erfinden, wählte er ein Zeichen aus, das man vor Buchstaben setzen konnte, um daraus einen Großbuchstaben oder eine Zahl zu machen. So reichten die 63 Buchstaben am Ende doch noch.

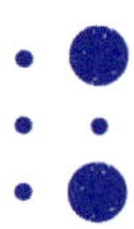

es folgt ein Großbuchstabe

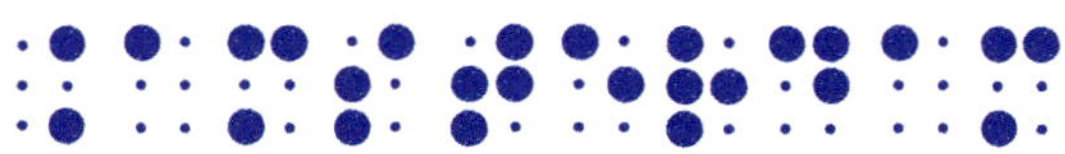

A M S T E R D A M

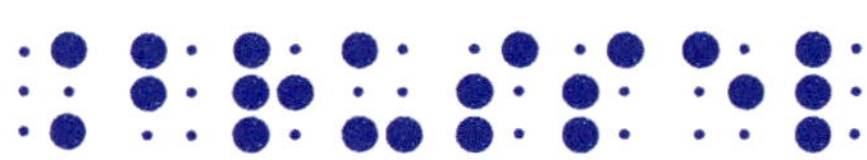

B R U S S E L

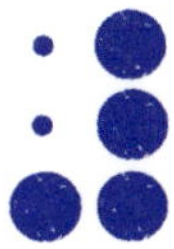

es folgt eine Zahl

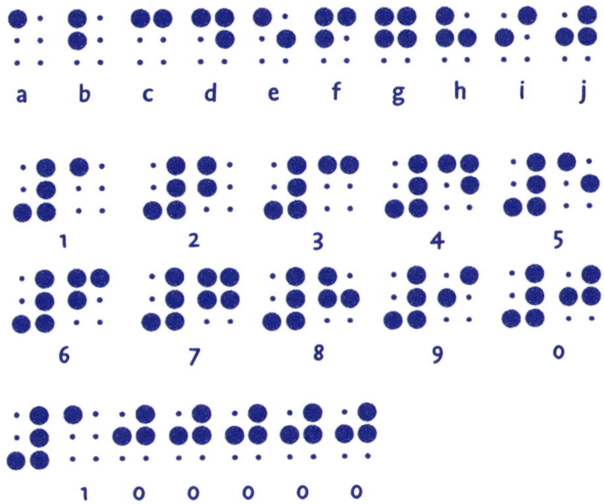

Brailleschrift begegnet man oft auf der Straße, zum Beispiel an Haltestellen. Wenn du das nächste Mal Brailleschrift findest, kannst du versuchen, die Buchstaben zu ertasten: Das ist gar nicht so leicht!

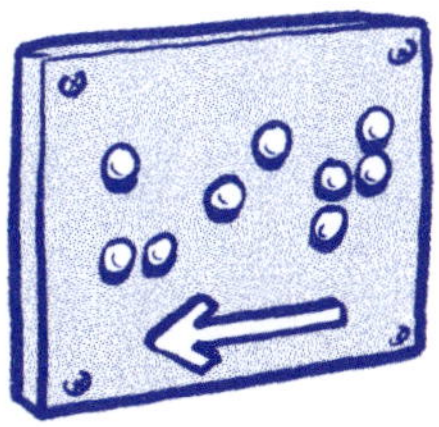

Brailleschrift im Internet

Wenn man nicht gut oder gar nicht sehen kann, ist es schwierig, im Internet zu surfen. Mittlerweile gibt es **Programme**, die Texte von Websites automatisch vorlesen können. Es gibt aber auch Geräte, die den Text in Brailleschrift übertragen: So kann man die Websites mit den Fingern lesen!

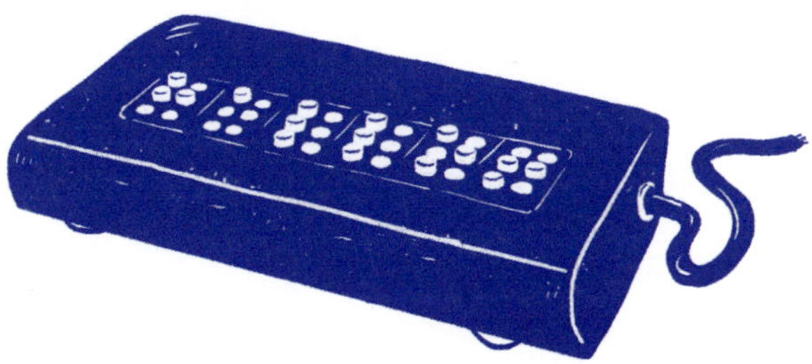

Das Fingeralphabet für taube Menschen

Taube Menschen können in **Gebärdensprache** miteinander kommunizieren. Damit kann man alles sagen, was man auch mit der „normalen“ Sprache sagen kann. Aber genau wie in der gesprochenen Sprache muss manchmal ein Wort **buchstabiert** werden. Zum Beispiel bei Abkürzungen und Namen. Dafür wird das sogenannte **Fingeralphabet** benutzt.

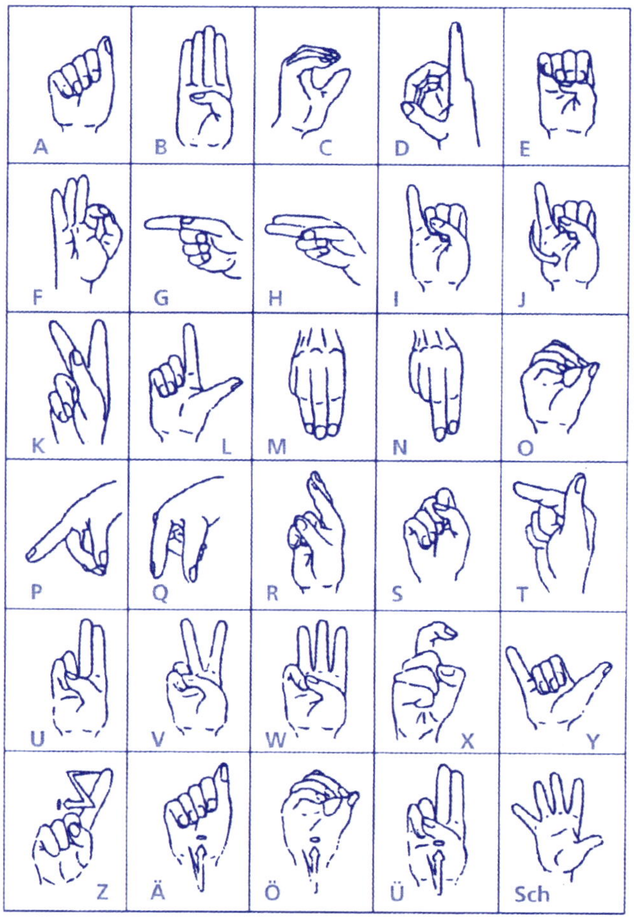

Auch super praktisch zum Übermitteln von geheimen Botschaften im Klassenzimmer!

Alphabete mit Bildern

Hier siehst du zwei Verkehrsschilder, eins aus Europa (links) und eins aus den Vereinigten Staaten (rechts).

Sie haben die gleiche Bedeutung: Hier darf man nicht überholen. In Amerika haben sie das mit englischen Wörtern aufgeschrieben. Auf dem europäischen Schild steht die gleiche Botschaft, die mithilfe eines Bildes dargestellt wurde. Das nennt man **Bildsprache**.

Piktogramme

Bei der Bildsprache werden einfache Bilder verwendet, die **Piktogramme** genannt werden. Man findet sie überall:

Einer der ersten, der solche Bilder entworfen hat, war ein Österreicher namens **Otto Neurath**. Er lebte in der ersten Hälfte des zwanzigsten Jahrhunderts, in der Zeit des Ersten und des Zweiten Weltkriegs. Er stellte fest, dass es oft Verständigungsprobleme zwischen den Völkern gab, weil sie die jeweils andere Sprache nicht sprachen. Mit Bildern konnte man aber eine Geschichte erzählen, die jeder verstehen konnte. Er dachte sich allerlei Abbildungen aus, mit denen er mithilfe von einfachen Bildern komplexe Dinge ausdrückte:

Verheiratete Männer pro Jahr in Deutschland
(jedes Brautpaar steht für 100.000 Männer pro Jahr)

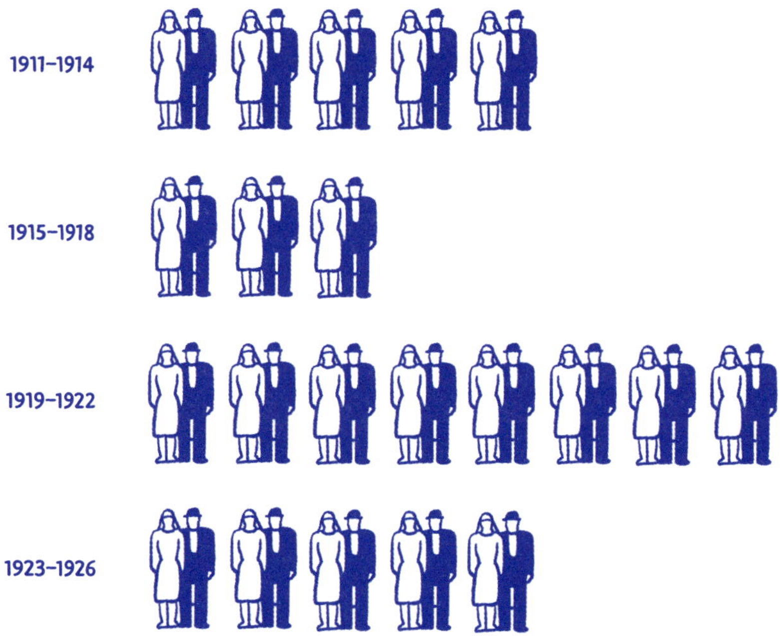

Was steht da?

Das praktische an einem Piktogramm ist, dass man sofort weiß, was gemeint ist. Aber so einfach ist das manchmal gar nicht!

Links sieht man ein Männchen auf … ja was eigentlich? Auf einer Rutsche? Einer Treppe? Einer Rolltreppe? Wir wissen, dass es eine Rolltreppe sein soll, aber das haben wir irgendwann **gelernt**. Rechts sieht man ein Kind. Oder ist es ein Baby? Und was ist mit dem Baby? Ist das ein Raum für Babys? Darf man sie dort füttern? Oder wickeln? Das Bild bedeutet: Das ist ein Raum, in dem man sein Baby wickeln kann.

So funktioniert das auch mit dem Verkehrsschild, das „Überholen verboten“ heißt. Der rote Rand des Schildes bedeutet: Das ist verboten. Das wird also nicht durch Worte vermittelt, sondern es ist eine **Abmachung**, die man kennen muss. Das gilt auch für das Bild mit dem roten und dem schwarzen Auto, das „überholen“ bedeutet.

Weißt du, was diese Piktogramme bedeuten?

Lösung: Nach dem öffnen sechs Monate haltbar, trocken halten, darf nicht in den Wäschetrockner

Alte Bilder

Falsch verbunden, eine Nummer wählen und *aufhängen* sagt man manchmal noch, wenn es ums Telefonieren geht. Das sind Überbleibsel aus der Zeit, als Telefone noch Wählscheiben und einen Hörer hatten, der über ein Kabel mit dem Gerät verbunden war. Auch bei Piktogrammen werden oft alte Symbole verwendet, wie für das Telefon oder das Speicher-Piktogramm auf dem Computer. Wir benutzen sie weiter, weil diese Symbole so bekannt sind.

Das hier ist eine Diskette: die hat man früher zum Speichern von Daten benutzt hat. Es passten gerade mal 1,44 Megabyte drauf!

Es gibt sogar eine Piktogrammsprache. Diese Sprache wurde eigens für Menschen entwickelt, die Schwierigkeiten mit dem Lesen haben. Hier steht zum Beispiel „der Hund bellt den Postboten an".

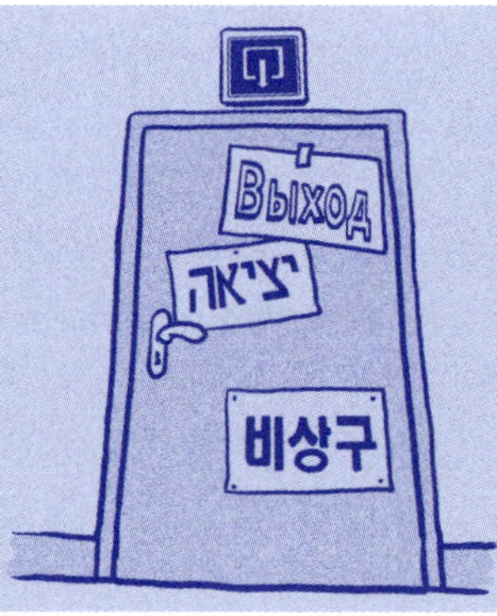

Wo ist hier der Ausgang?

Piktogramme versteht man auch ohne Fremdsprachenkenntnisse: So kann man überall auf der Welt den Ausgang finden! Auf allen Schildern steht „Ausgang". Erkennst du die Sprachen?

Lösung: Koreanisch, Russisch, Hebräisch

Emojis

Eine bestimmte Sorte von Piktogrammen benutzt du wahrscheinlich jeden Tag: **Emojis**.

Das Wort Emoji hat nichts mit Emotionen zu tun. Es ist ein **japanisches Wort**, das aus *e* (Bild) und *moji* (Buchstabe) besteht. Emojis sind seit der Erfindung des **Smartphones** vor ungefähr zehn Jahren unglaublich beliebt. Aber warum eigentlich?

Sag es mit Bildern

Mit unserem Alphabet kann man alles schreiben, was man auch sagen kann. Man wandelt die Laute in Buchstaben um und erhält einen Satz:

GUT GEMACHT

Aber man kann nicht aufschreiben, wie man etwas sagt. Ob man es ernst meint, oder ob man gerade einen Witz macht. Diese Emotionen kann man sehr gut sehen oder hören, wenn man mit jemandem spricht, aber sie gehen beim Schreiben verloren. Doch mithilfe von Emojis kann man sie zeigen:

GUT GEMACHT

SCHERZ

Die ersten Emojis kamen aus **Japan**. Sie wurden Ende der neunziger Jahre von **Shigetaka Kurita** erfunden. Deshalb ist es auch nicht verwunderlich, dass man viele Emojis findet, die mit Japan zu tun haben. Vielleicht dachtest du, dass 🍙 eine Art Iglu wäre, oder eine Perücke. Aber es ist ein Onigiri, eine japanische Süßigkeit aus Reis, mit einer Alge umwickelt (das ist die viereckige Fläche). Und 🍡 ist ein Dango, ein Nachtisch aus gekochten Teigbällchen 😋 . Manche Emojis stammen aus **japanischen Comics (Manga) und Zeichentrickfilmen (Anime)**, wie zum Beispiel 😤. Dieses Emoji bedeutet nicht, dass man so wütend ist, dass einem Rauch aus der Nase kommt, sondern dass man stolz ist.

Emoticons

Emojis gibt es also noch nicht so lange. Erst mit dem Smartphone wurde es möglich, problemlos Bilder zu verschicken. Davor konnte man sie selbst mit **Satzzeichen** machen, zum Beispiel so :-) oder so :-D. Diese Bilder nennt man auch Emoticons. Die gibt es schon seit rund vierzig Jahren.

:-J	**:-&**
:-o	**=-D**

Bei Emoticons muss man den Kopf schräg halten, aber bei der japanischen Form davon, den Kaomojis, ist das nicht nötig:

(*_*)   >.<   o_O   O.O   e_e   (^-^)

Wie du vielleicht noch weißt, verwendet man in Südkorea das Hangul-Alphabet. Das sind andere Zeichen als unsere Buchstaben. Und das bedeutet, dass man damit andere Kaomoji machen kann:

ㅇㅅㅇ   'ㅅ'   'ㅂ'

Der Emoji  wird auch Smiley genannt. Der erste Smiley wurde 1963 von dem Amerikaner **Harvey Ball** erfunden. Er erfand ihn im Auftrag einer Versicherungsfirma innerhalb von zehn Minuten.

In Comics werden (böse) Emotionen auf eine ganze eigene Art ausgedrückt!

Denk dir eigene Emojis aus

Es gibt mehrere Tausend Emojis und jedes Jahr kommen dutzende Neue dazu. 2019 waren es unter anderem diese:

Jeder darf **neue Emojis** vorschlagen. Du also auch. Vielleicht hast du eine gute Idee für ein neues Emoji! Eine Expertengruppe sieht sich dann alle Ideen an und wählt einige davon aus. Sie überprüfen, ob es sich um eine originelle Idee handelt und ob viele Menschen das neue Emoji verwenden würden. Wenn das zutrifft, kann es passieren, dass dein Emoji nächstes Jahr neben dem  steht!

5. TEIL

SCHREIBEN UND TIPPEN

In diesem letzten Teil schauen wir uns nochmal genauer an, wie Buchstaben eigentlich **geschrieben** werden. Denn auch darüber gibt es viel zu erzählen. Wusstest du zum Beispiel, dass ein Buch wie dieses früher nicht gedruckt wurde, sondern von der ersten bis zur letzten Seite mit der Hand geschrieben wurde? Und dass deine Handschrift so einzigartig ist, dass die Polizei dich damit aufspüren kann? Oder weißt du, wer den Bleistift erfunden hat?

Und dann haben wir noch gar nicht über das Tippen gesprochen. Tippen ist auch eine Form des Schreibens, aber eben auf einem Computer oder einem Handy. Wieso befinden sich die Buchstaben auf einer Tastatur eigentlich in so einer komischen Reihenfolge? Wie viele Tasten hat eine chinesische Tastatur? Und warum gibt es so viele verschiedene Schriftarten? Das alles finden wir jetzt zusammen heraus!

Lesen und Schreiben lernen

Die Buchstaben des Alphabets lernt man in der Schule. Zuerst lernt man lesen, dann schreiben. Man hat keine Wahl: In Deutschland muss man in der Regel zwölf Jahre lang zur Schule gehen. Man muss also Lesen und Schreiben lernen. Aber das war nicht immer so.

Der Weg zur Schule

Vielleicht erinnerst du dich noch an Kaiser **Karl den Großen**, der kam in diesem Buch schon mal vor. Karl dem Großen war es wichtig, dass Kinder Lesen und Schreiben lernen, deshalb ließ er in ganz Europa Schulen bauen. Das war ungefähr im Jahr 800. Das bedeutete aber nicht, dass alle Kinder wie heute fünf Tage pro Woche zur Schule gingen. Die meisten Kinder gingen überhaupt nicht zur Schule. Sie mussten schon von klein auf arbeiten.

Das war bis ins späte Mittelalter so. Viele Leute konnten damals nicht lesen oder schreiben, aber das war auch nicht so wichtig. Viel von dem, was wir heute aufschreiben, fand damals nämlich **mündlich** statt. Die Menschen hörten sich vorgetragene Geschichten an und auf dem Marktplatz wurden wichtige Neuigkeiten ausgerufen. Geschrieben wurde vor allem von Leuten in der Kirche, die die Ländereien und Städte verwalteten.

Das Schulsystem, wie du es heute kennst, mit Grundschulen und weiterführenden Schulen, entwickelte sich zu Beginn des neunzehnten Jahrhunderts. Es wurden Lehrpläne eingeführt, damit die Lehrer nicht mehr machen konnten, was sie wollten. Schulen gehörten immer öfter zu Städten, und nicht mehr zu Kirchen und 1919 wurde die Schulpflicht eingeführt. Lange gab es in Schulen Körperstrafen, wie zum Beispiel Stockschläge. Diese Strafen waren in der DDR bis 1949 erlaubt, in der Bundesrepublik Deutschland sogar bis 1973.

Schreibunterricht

Bis ins späte Mittelalter hat man das Schreiben auf einer **Wachstafel** gelernt. Das war eine Schreibtafel aus Holz, die mit Bienenwachs beschichtet war. Man ritzte die Buchstaben mit einem Stift in die Wachstafel. Wenn die Tafel vollgeschrieben war, konnte man sie wieder

sauberwischen. Später gab es auch **Schiefertafeln**, auf die man mit einem **Griffel** schrieb. Erst wenn man gut schreiben konnte, durfte man mit einer Gänsefeder auf **Papier** schreiben, denn das war sehr teuer. Im neunzehnten Jahrhundert kam die Schreibfeder dazu, die man in Tinte tauchte.

Das **Schönschreiben** wurde immer wichtiger. Die Schreibschrift, die man in der Schule lernt, ist vermutlich in der Zeit der Schreibfeder entstanden. Wenn man damit schreibt, ist es nämlich wichtig, den Stift so wenig wie möglich vom Papier zu heben.

Heutzutage lernt man zuerst die getrennt geschriebenen Buchstaben – die sogenannte **Druckschrift**. Erst danach lernt man das Zusammenschreiben: Die **Schreibschrift**. Mittlerweile gibt es aber auch Länder, in denen die Kinder nur noch die Druckschrift lernen.

In Finnland lernt man nicht mehr, wie Buchstaben zusammengeschrieben werden. Stattdessen sollen die Kinder gut tippen können, denn wenn man groß ist, muss man viel öfter tippen und nicht mit der Hand schreiben.

Berufsschreiber

Was hat man früher gemacht, wenn man einen Brief schreiben musste, aber nicht schreiben konnte? Man bezahlte jemanden dafür! Man erzählte ihm, was in dem Brief stehen sollte, und er schrieb alles auf. In Teilen der Welt, wo nicht alle lesen und schreiben können, wird das immer noch so gemacht.

Kunstvolle Buchstaben

Häufig schreibt man aus praktischen Gründen. Man erstellt eine Einkaufsliste oder macht sich Notizen. Aber man kann mit Buchstaben auch richtig schöne Sachen machen.

Kalligrafie

Kalligrafie ist ein anderes Wort für **Schönschreiben**. Bei der Kalligrafie werden die Buchstaben besonders elegant geschrieben. Wenn du eine Urkunde bekommst, steht dein Name oft in solchen Buchstaben darauf.

Man kann mit einem normalen Stift kalligrafisch schreiben. Aber viele Leute verwenden lieber eine **altmodische Schreibfeder** und Tinte, weil sie damit einfacher *dicke und dünne Linien ziehen können.*

Es gibt auch spezielle **Kalligrafiestifte** mit flachen Spitzen. Damit ist es noch einfacher, die Linien unterschiedlich dick zu ziehen. So kann man zum Beispiel

gut die alte Frakturschrift nachmachen

Das tolle am kalligrafischen Schreiben ist, dass man die Buchstaben mit schönen Schnörkeln verzieren kann – ganz nach den eigenen Vorstellungen.

In vielen Ländern ist das kalligrafische Schreiben eine echte Kunstform. In **China** werden die Schriftzeichen mit Spezialtinte und dicken Pinseln auf großes Zeichenpapier geschrieben. Das ist sogar eine Art **Meditation**: eine Methode, um zur Ruhe zu kommen.

Hier steht „Drache“.

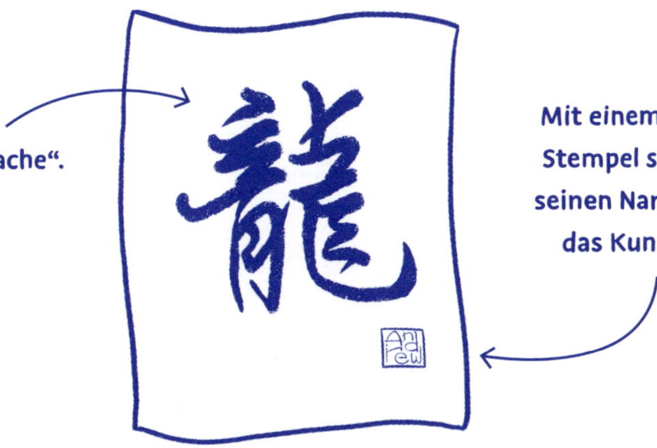

Mit einem schönen Stempel setzt man seinen Namen unter das Kunstwerk!

In der arabischen Welt machen die Leute aus Buchstaben und Wörtern wunderschöne Kunstwerke. Hallo („Marhaban“) kann man auf Arabisch zum Beispiel einfach so schreiben:

مرحبا

Aber mit schönen Kalligrafiebuchstaben kann man es auch so schreiben:

Arabische Buchstaben findet man auch oft als Verzierungen an Gebäuden. Wie hier, an den Wänden des berühmten Taj Mahal in Indien.

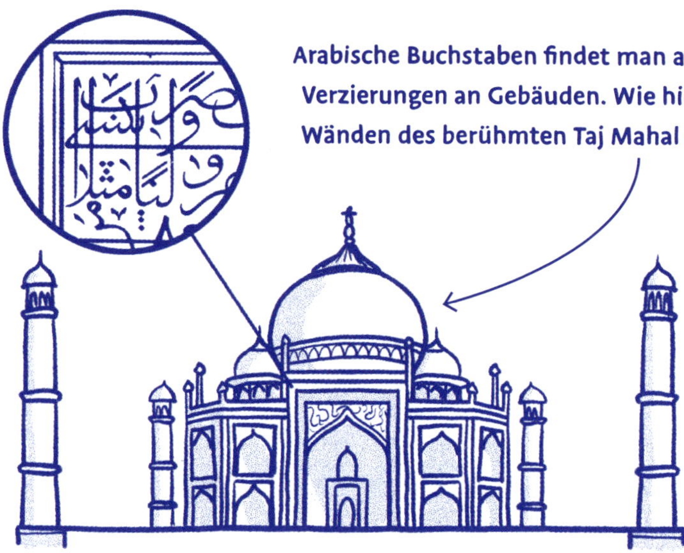

Handlettering

Beim kalligrafischen Schreiben schreibt man wirklich. Handlettering ähnelt der Kalligrafie, aber ist viel lockerer und funktioniert fast wie das **Zeichnen**. Man kann dafür jeden Stift verwenden. Pinselstifte, sogenannte **Brushpens**, eignen sich dafür auch sehr gut. Das sind Stifte, die eine Art Pinselspitze haben.

Beim Handlettering versucht man, einen Text so lebendig wie möglich zu gestalten. Man verwendet dabei allerlei Buchstabenarten durcheinander. Das sieht man oft auf **Menütafeln** von Cafés und Restaurants. Handlettering eignet sich auch bestens für selbstgemachte Einladungen.

Aber warum sollte man überhaupt Stifte benutzen, um Buchstaben zu bilden? So geht das natürlich auch:

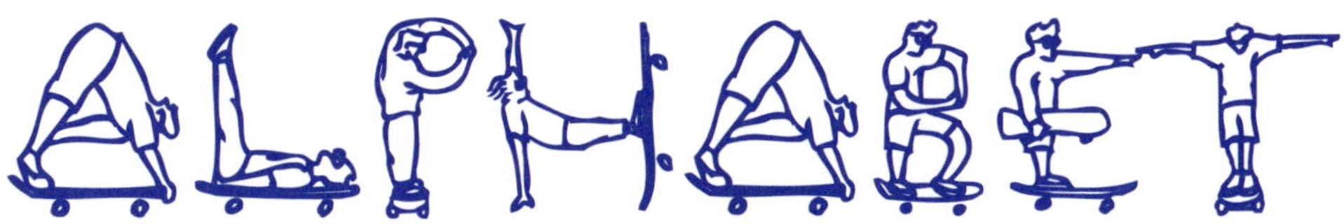

Deine Handschrift verrät dich!

Wir alle lernen mehr oder weniger gleich zu schreiben. Das sieht ungefähr so aus:

eine saure Gurke

Trotzdem sieht die Handschrift Erwachsener oft ganz anders aus. Zum Beispiel so:

eine saure Gurke

Oder so:

eine saure Gurke

Wie kann das sein? Erwachsene haben das doch genauso gelernt wie du. Es ist ihre eigene **Handschrift**, die sich verändert hat. Wenn man älter wird, verändert sie sich. Vielleicht hast du das bei deiner Handschrift auch schon bemerkt. Sie sieht dann anders aus als die Handschrift von anderen. Aber warum passiert das eigentlich?

Handschriftenkunde

Das ist ganz einfach, sagen Menschen, die **Handschriften analysieren**. Deine Handschrift spiegelt nämlich deine **Persönlichkeit** wider – und jeder Mensch ist anders. Dein großer Bruder und du, ihr habt auf die gleiche Art gelernt, zu schreiben, aber weil er ein Faulpelz ist, und du sehr intelligent bist, habt ihr am Ende zwei unterschiedliche Handschriften. Die Leute, die Handschriften analysieren, nennt man auch **Graphologen**, und die Handschriftenanalyse heißt **Graphologie**. Die Art, wie du Buchstaben schreibst - gerade oder schräg, mit vielen Schnörkeln oder ohne, zusammen oder getrennt - und viele andere Merkmale sagen der Graphologie zufolge etwas über dich aus. Nicht jeder glaubt das, aber das Thema ist zu spannend, um es unter den Tisch fallen zu lassen.

nach links geneigt
reserviert, Einzelgänger, treu
gerade
realistisch, ruhig, unabhängig
nach rechts geneigt
offen, spontan, sozial
entschlossen
langer Strich durchs t
faul
kurzer Strich durchs t
fantasievoll
d, k, l, b
mit großen Schnörkeln
verhält sich lieber unauffällig
gerade Striche statt Schnörkeln
energisch
p, g, f, j
mit großen Schnörkeln

Schurken schnappen

Deine Handschrift ist also einzigartig: Niemand auf der Welt schreibt genau so wie du. Versuch mal, die Schrift deiner Schwester, deines Vaters oder deiner Mutter nachzumachen. Das geht nicht! Und das nutzt die **Polizei** gerne aus. Die sieht sich eine Handschrift ganz genau an. Nicht, um herauszufinden, ob du kreativ oder faul bist, sondern um zum Beispiel zu überprüfen, ob du eine Unterschrift gefälscht hast. Oder ob du den Erpresserbrief geschrieben hast.

Ein berühmtes Beispiel für eine solche Polizeiermittlung ist der Fall des **Lindbergh-Babys**. 1927 wurde der Amerikaner Charles Lindbergh berühmt, weil er als erster Mensch ohne Zwischenstopp mit seinem Flugzeug *The Spirit of St. Louis* von New York nach Paris geflogen ist. Wenige Jahre später wurde sein kleiner Sohn **entführt**. Und ganz Amerika bibberte mit.

Niemand wusste, wer der Täter war. Es gab nur einen handgeschriebenen Brief von ihm, in dem er **50.000$ Lösegeld** forderte. In dem Schreiben gab es lauter komische Fehler. Monate später wurde ein Verdächtiger gefasst. Er bestritt, etwas mit der Sache zu tun zu haben. Aber er wurde verurteilt, weil die Polizei seine Handschrift mit dem Erpresserbrief in Verbindung brachte (und weil er, nicht besonders klug, 20.000$ des Lösegelds in seiner Garage liegen hatte). Er starb auf dem elektrischen Stuhl.

Weiter unten steht zweimal der gleiche Satz. Siehst du, welche Handschrift das Original ist, und welche die Fälschung? Woran erkennt man das?

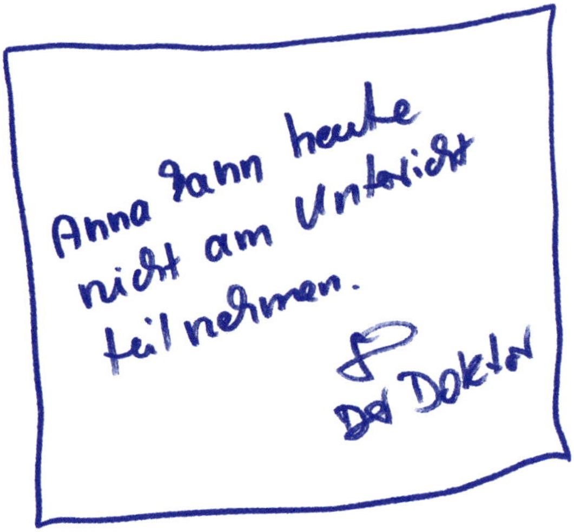

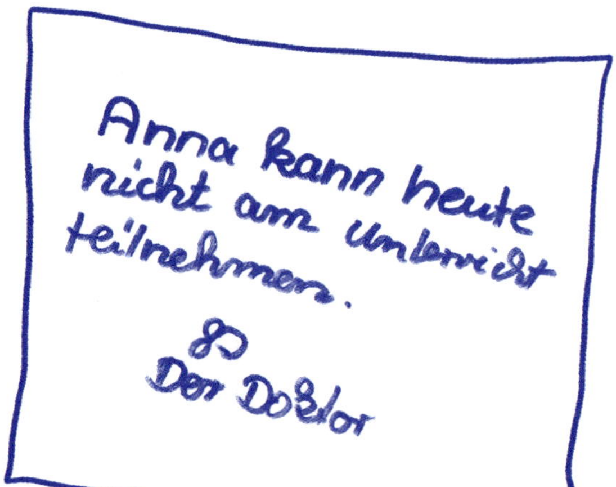

Der untere Brief ist gefälscht. Wenn man eine Schrift fälscht, schreibt man langsamer. Dadurch werden die Linien dicker und ungleichmäßiger. Und man unterbricht sich öfter beim Schreiben. So entstehen Tintenkleckse und Unterbrechungen.

Von der Gänsefeder zum Filzstift

Man schreibt mit einem Bleistift, einem Kugelschreiber oder einem Füller. Aber wie war das früher? Wann wurde der Bleistift eigentlich erfunden? Und wann der Füller?

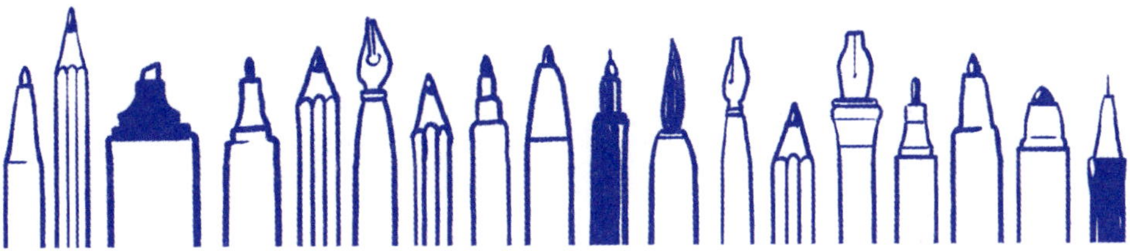

Bleistifte

Bleistifte sind für uns so selbstverständlich, dass man meinen könnte, es gebe sie schon sehr lange. Aber das stimmt nicht. Die Art Bleistift, mit der du schreibst und zeichnest, existiert erst seit der Zeit **Napoleons**, also seit ungefähr zweihundert Jahren.

Der Erfinder des Bleistifts ist der **Franzose Nicolas Jacques Conté**. Er war einer der Künstler, die mit Napoleon nach **Ägypten** gingen. Conté war auch Ballonfahrer und Erfinder. Letzteres ging nicht immer gut: Bei einer Explosion verlor er sein linkes Auge!

Vor der Zeit Contés verwendeten die Menschen **Grafit** zum Schreiben und Zeichnen, manchmal mit etwas Holz drumherum, weil das Grafit sonst schnell zerbrach. Aber Conté fand eine bessere Lösung: Er verwendete **Grafitpulver** und vermengte es mit Lehm und Wasser. Danach erhitzte er das Gemisch im Ofen. Auf diese Weise konnte er Bleistifte herstellen, die unterschiedlich hart waren. Conté und sein Bruder eröffneten eine **Bleistiftfabrik**, die es auch heute noch gibt.

Warum sind graue Bleistifte meistens gelb?

Ein gewisser Herr Hardtmuth fing in der Zeit Contés im heutigen Tschechien ebenfalls an, Bleistifte herzustellen. Damals kam das beste Grafit aus China. Dort stand die Farbe Gelb symbolisch für den Kaiser. Deshalb verwendete Hardtmuth diese **„kaiserliche“ Farbe** für seine berühmten Koh-i-Noor-Bleistifte. Andere Bleistiftfabriken haben das später genauso gemacht.

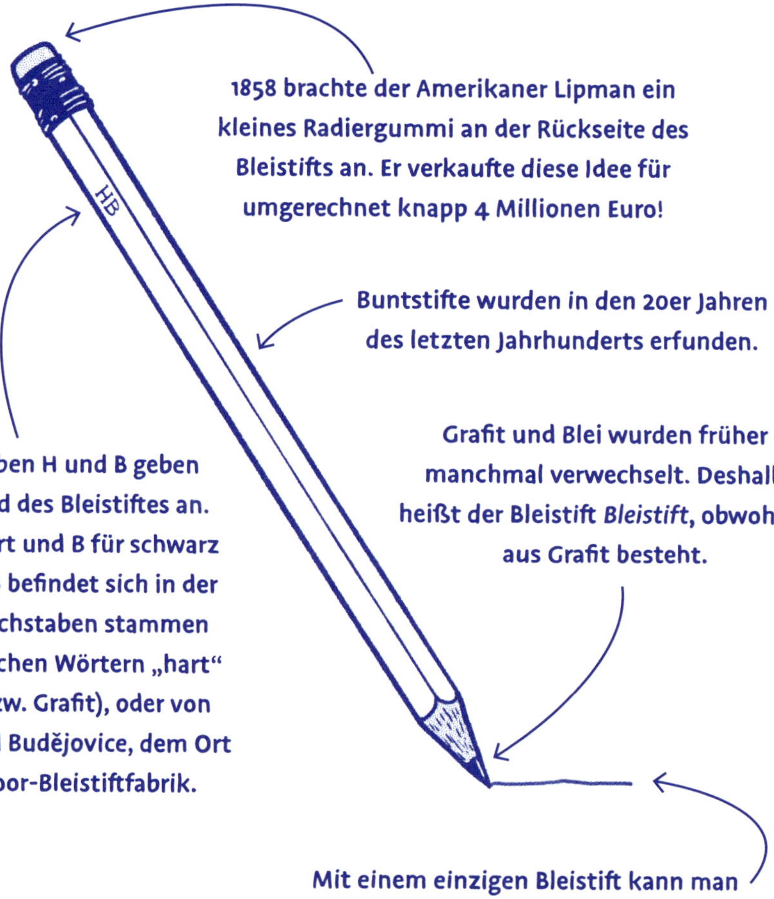

1858 brachte der Amerikaner Lipman ein kleines Radiergummi an der Rückseite des Bleistifts an. Er verkaufte diese Idee für umgerechnet knapp 4 Millionen Euro!

Buntstifte wurden in den 20er Jahren des letzten Jahrhunderts erfunden.

Die Buchstaben H und B geben den Härtegrad des Bleistiftes an. H steht für hart und B für schwarz und weich. HB befindet sich in der Mitte. Die Buchstaben stammen von den deutschen Wörtern „hart“ und „Blei“ (bzw. Grafit), oder von Hardtmuth und Budějovice, dem Ort der Koh-i-Noor-Bleistiftfabrik.

Grafit und Blei wurden früher manchmal verwechselt. Deshalb heißt der Bleistift *Bleistift*, obwohl er aus Grafit besteht.

Mit einem einzigen Bleistift kann man einen 55 Kilometer langen Strich ziehen!

Stifte

Füllfederhalter, Kugelschreiber und Filzstifte gibt es noch nicht besonders lange, aber mit Stift und Tinte wird schon seit tausenden von Jahren geschrieben.

STEINZEIT

Für ihre Felsmalereien haben Steinzeitmenschen Äste oder zusammengebundene Tierhaare benutzt, die sie in eine Mischung aus Ocker, Tierfett, Blut und Spucke tunkten.

~2000 V.CHR. – 0

Die alten Ägypter, Griechen und Römer machten aus Schilfrohren Pinsel.

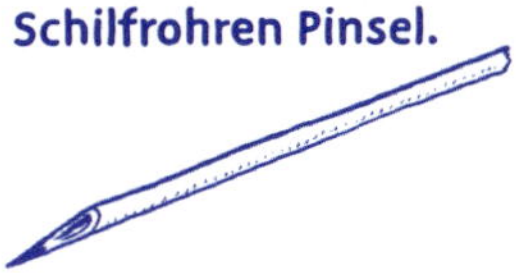

1000 N. CHR.

Im Mittelalter schrieben die Menschen mit Gänsefedern. Die wurden schräg abgeschnitten und danach gehärtet. Die meisten mittelalterlichen Bücher wurden mit solchen Federn geschrieben!

18. JAHRHUNDERT

Im achtzehnten Jahrhundert wurde die Schreibfeder erfunden: ein Stift mit einem Metallende, das man in Tinte tauchen konnte. Bis in die sechziger Jahre des letzten Jahrhunderts hinein lernten Kinder damit in der Schule das Schreiben. An alten Schulbänken findet man manchmal noch eine Aussparung für das Tintenfass.

19. JAHRHUNDERT

Erst im 19. Jahrhundert hat es geklappt, Stifte zu entwerfen, die man nicht dauernd in ein Tintenfass tauchen musste, sondern mit Tinte füllen konnte: der Füller wurde erfunden. Plastikpatronen kamen nach dem Zweiten Weltkrieg auf den Markt.

1950

Du weißt bestimmt, dass Füller manchmal klecksen und dadurch hässliche Flecken auf dem Papier oder der Kleidung entstehen können. Das ging dem Ungaren László Bíró gegen den Strich. Er erfand deshalb einen neuen Stift mit einer Kugel am Ende. Wenn man schrieb, floss die Tinte an der Kugel entlang auf das Papier: Der Kugelschreiber war geboren. Bíró verkaufte seine Erfindung später an den Franzosen Bich, der die BIC-Kugelschreiberfabrik gründete. Seine Kugelschreiber wurden ein großer Erfolg: Seit 1950 wurden mehr als hundert Milliarden BIC-Kugelschreiber verkauft!

1962

Erfindung des Filzstifts

Vom Papyrus zum Papier

Das Wort *Papier* stammt vom **ägyptischen *Papyrus***. Auf beidem kann man schreiben, aber ansonsten unterscheiden sie sich deutlich voneinander. Und dann gibt es ja auch noch **Pergament**!

Papyrus

Papyrus kennst du vielleicht von den alten Ägyptern. Es ist eine Art **Schilf**, das in Streifen geschnitten wurde. Aus diesen Streifen wurden Blätter gemacht, auf denen man schreiben konnte. Oft klebten die Ägypter mehrere Blätter zu langen Rollen aneinander.

1. SCHRITT

2. SCHRITT

Auch die Griechen und die Römer haben Papyrus benutzt, aber weil es im feuchten Klima schnell schimmelt, konnte nur wenig Papyrus aus Europa überliefert werden. Zu Beginn des Mittelalters wurde es nach und nach durch **Pergament** ersetzt.

Pergament

Pergament besteht aus Tierhäuten und wurde nach Pergamon benannt, einer wichtigen Stadt der Antike, in der viel mit Pergament gehandelt wurde. Der Vorteil von Pergament war, dass es haltbarer und widerstandsfähiger war als Papyrus. Genau wie bei Papyrus klebte man früher Pergamentblätter zu langen Rollen aneinander. Kurz nach dem Beginn der nachchristlichen Zeitrechnung klebte man die Blätter dann wie bei unseren heutigen Büchern aneinander. Man nannte das damals Kodex, und der wurde schnell beliebter als die Rollen.

Der einzige Nachteil von Pergament waren die hohen Kosten. Deshalb wurde das viel **günstigere Papier** im späten Mittelalter immer beliebter.

Das Wort Blatt (wie in: ein Blatt Papier) geht auf die Zeit zurück, in der Pergament hergestellt wurde.

Papier

Papier wird meistens aus **Holz** hergestellt. Es wird erst zu nassem Papierbrei zermahlen, und danach wird dieser Brei durch ein feines Sieb gepresst. Dadurch entstehen große Blätter, die langsam trocknen müssen. Papier kann man auch aus vielen anderen Grundstoffen herstellen, zum Beispiel aus Bambus, Schilf oder sogar aus **alter Kleidung**! Der Lumpensammler, der früher vorbeikam, holte alte Kleider ab und brachte sie zur Papierfabrik. Heute wird Papier oft **wiederverwendet**: Ungefähr die Hälfte des Papiers wird nochmal benutzt!

Woher kommt die Bezeichnung A4?

Ein DIN A4 ist das Papierformat, das am häufigsten verwendet wird. Es wurde 1922 von dem Deutschen Walter Porstmann erfunden. DIN ist die Abkürzung für **Deutsches Institut für Normung**. Porstmann war ein Mitarbeiter dieses Instituts und begann mit einem sehr großen Blatt Papier, das er A0 nannte. A0 hat die Fläche eines Quadratmeters. Danach hat er die Breite und die Länge von A0 so bestimmt, dass die Seitenverhältnisse gleich blieben, wenn man es in der Mitte knickte. Das kleinere Blatt nannte er A1, und das bedeutet, dass zwei Blätter der Größe A1 zusammen so groß sind wie ein A0. Wenn man ein A1-Blatt in der Mitte teilt, bekommt man zwei A2, und so weiter. Die Länge eines A4-Blattes entspricht also der Breite eines A3-Blattes.

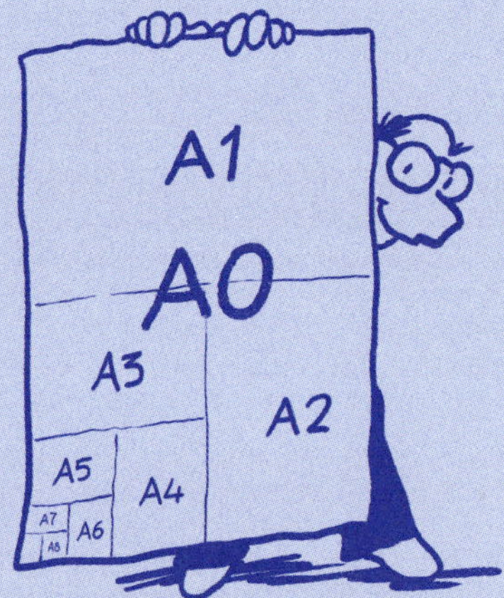

Einritzen

Papyrus, Pergament und Papier sind aber nicht die einzigen Materialien, auf denen Menschen geschrieben haben. Die alten Griechen schrieben zum Beispiel häufig auf Scherben von Tongefäßen, die überall herumlagen.

Das war viel günstiger als Papyrus. Früher haben die Menschen auch oft geschrieben, indem sie etwas in einen weichen Untergrund geritzt haben, zum Beispiel in Lehm, Schiefer, Bienenwachs oder Holz. Zum Einritzen benutzten sie einen scharfen Gegenstand, der auch **Stilus** oder **Griffel** genannt wurde.

Das Material, auf das die Menschen schrieben, hatte einen großen Einfluss auf die Form der Buchstaben. Weil Pergament so teuer war, schrieben die Mönche im Mittelalter die Buchstaben extra schmal. So entstand die gotische Schrift. Die Zeichen der Keilschrift und die Runen waren gerade, weil sie mit einem spitzen Gegenstand in Lehm und Holz gekerbt wurden. In Südostasien entstanden runde Buchstaben, weil man dort auf Palmblätter schrieb.

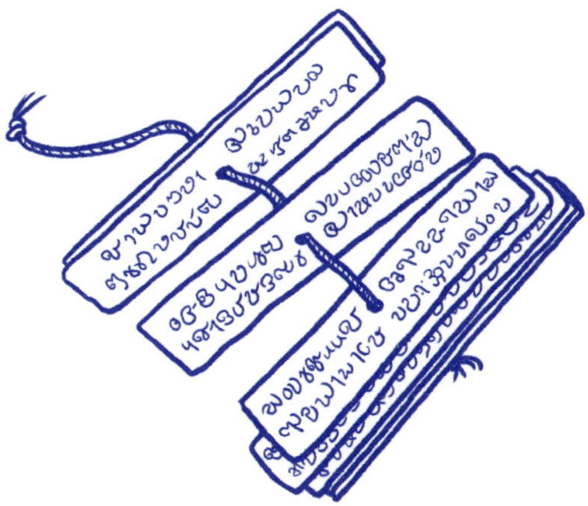

Palmblätter wurden vor dem Schreiben getrocknet und dann zusammengebunden.

Vom Schreiben zum Drucken

Bücher gibt es schon seit Jahrhunderten. Heutzutage werden sie **gedruckt**, aber wusstest du, dass sie früher komplett mit der Hand **geschrieben** wurden? Wenn man im vierzehnten Jahrhundert ein Buch haben wollte, musste man es extra anfertigen lassen. Man bestimmte dann, was im Buch stehen sollte, die Papiersorte, ob schöne Illustrationen ergänzt werden sollten und wie es gebunden werden sollte. Und dann packte ein Schreiber seine Gänsefeder aus und legte los. Ein paar Monate später konnte man das Buch abholen.

Schöne Manuskripte

Die handgeschriebenen Bücher aus dieser Zeit sind echte Kunstwerke. Sie sind nicht nur schön geschrieben, sondern auch noch kunstvoll mit wundervollen Illustrationen und **Initialen** verziert: das sind Großbuchstaben am Anfang eines Kapitels oder einer Seite.

Wer glaubt, die Bücher aus dem Mittelalter seien langweilig, liegt falsch: Am Seitenrand alter Manuskripte findet man die verrücktesten Zeichnungen!

Das **älteste bekannte deutschsprachige Buch** ist das Abrogans, ein Glossar. Ein **Glossar** ist eine Art Wörterverzeichnis, wie du es auch weiter hinten in diesem Buch findest. Geschrieben wurde es im achten Jahrhundert. Das ursprüngliche Exemplar gibt es nicht mehr, aber zum Glück sind ein paar **Abschriften** erhalten geblieben.

Die Buchdruckkunst

Kluge Köpfe des Mittelalters suchten natürlich nach Möglichkeiten, schneller Bücher herstellen zu können. Einer von ihnen war der deutsche Goldschmied **Johannes Gutenberg**. Er hat sich ein System bestehend aus einzelnen Buchstaben ausgedacht, die in Blei gegossen wurden und die man wie Stempel benutzen konnte, um damit Bücher zu drucken. Ein solches System wurde ein paar Hundert Jahre zuvor auch schon in **China** erfunden. Das war der Beginn der **Buchdruckkunst**. Bis ins zwanzigste Jahrhundert hinein wurden Bücher auf diese Weise gedruckt!

Durch Gutenbergs Methode wurde es viel einfacher, mehrere Exemplare eines Buches zu drucken. Aber es war immer noch ein ganz schön kompliziertes Verfahren: für jede Seite musste man alle nötigen Buchstaben zusammensetzen. Außerdem mussten alle Buchstaben spiegelverkehrt angeordnet werden – das machte die Sache noch komplizierter.

Veränderungen

Die Buchdruckkunst brachte viele Veränderungen mit sich. Handgeschriebene Bücher verschwanden und machten Platz für **gedruckte Bücher**. Wie so oft machte diese Erfindung nicht alle glücklich. Viele Leute fanden, dass die gedruckten Bücher nur eine billige Kopie der echten, handgeschriebenen waren! Trotzdem verdrängten die gedruckten Bücher nach und nach die handgeschriebenen Bücher. Weil sie so viel günstiger waren, konnten viel mehr Menschen Bücher kaufen.

Die Erfindung der Buchdruckkunst hat also viel **verändert**. Einige Leute meinen, die Erfindung des Computers und des Internets seien in der heutigen Zeit mit der Erfindung der Buchdruckkunst in der damaligen Zeit vergleichbar. Denn auch die brachten viele Veränderungen mit sich, wie wir gleich sehen werden.

Der Computer

Ältere Menschen, wie dein Vater und deine Mutter, sagen gerne, dass früher alles anders war. Manchmal stimmt das vielleicht ein kleines bisschen. Durch den Computer, das Smartphone und das Internet hat sich innerhalb kürzester Zeit sehr viel verändert. Die Menschen haben jahrhundertelang mit Stift und Papier geschrieben, und jetzt schreibt man vor allem **digital**.

Die digitale Welt

Als dein Opa und deine Oma jung waren, hatte noch niemand einen **Computer** zu Hause. Computer waren gerade erst erfunden worden und manchmal waren sie so groß wie ein ganzes Wohnzimmer! Es gab sie nur in Firmen oder Universitäten. Erst, als deine Eltern jung waren, gab es einen Computer für zu Hause: den Personal Computer, auch PC genannt. Man konnte darauf **Spiele** spielen und **Texte tippen**, und das war's dann eigentlich auch schon. In der Schule wurde noch gar nicht mit Computern gearbeitet.

Das **Internet** wurde Ende des letzten Jahrhunderts erfunden. Es war damals noch viel langsamer und langweiliger als heute. Webseiten bestanden vor allem aus Text. Und es gab keine Videos oder sozialen Medien. Aber deine Eltern konnten sich, indem sie sich mit dem Telefon einwählten, mit anderen Computern verbinden. Sie konnten also zum ersten Mal von zu Hause aus chatten. Und mit **E-Mails**, der elektronischen Post, konnte man sich gegenseitig Nachrichten schicken. Wenn deine Eltern früher im Internet waren, war das Telefon die ganze Zeit besetzt, was deine Großeltern bestimmt nicht so toll fanden.

Das **Smartphone** hat seinerseits auch viele Veränderungen mit sich gebracht. Als deine Eltern jung waren, waren Telefon und Computer noch zwei verschiedene Geräte. Bis jemand vor ungefähr zehn Jahren die großartige Idee hatte, sie zu einem Smartphone zu vereinen. Dein Smartphon ist also eigentlich einfach ein **tragbarer Computer**. Und was man damit alles machen kann, muss ich dir bestimmt nicht erklären.

Im letzten Kapitel haben wir gesehen, dass die Buchdruckkunst viel verändert hat. Heute erleben wir das durch das Internet, den Computer und das Smartphone. Wir sind zum Beispiel immer erreichbar. Durch das Internet sind alle Informationen aus der ganzen Welt immer abrufbar. Und dank des Internets kann man auch von zu Hause aus arbeiten und den Unterricht verfolgen, wie wir es während der Coronakrise erlebt haben.

Aber wir lesen auch weniger und schreiben kaum noch mit der Hand. Denk nur an (Liebes-)Briefe, aber auch an Formulare oder Bewerbungsschreiben. Das macht man heutzutage alles **digital**. Viele Menschen finden es schade, dass das Schreiben mit der Hand verloren geht. Und da wir viel mehr tippen, werden viele Handschriften auch immer unordentlicher und unleserlicher.

Einen handgeschriebenen Brief kann man auch noch hunderte Jahre später lesen. Aber wie ist das mit einer Whats-App-Nachricht, oder einer Hausaufgabe auf dem Computer? Es kann passieren, dass die später futsch sind. Zum Beispiel, weil dein Computer kaputtgegangen ist. Aber auch, weil sich die digitale Welt ständig verändert. Hier siehst du, wie Daten früher gespeichert wurden. Für neue Computer kann man diese Datenträger nicht mehr verwenden. Kennst du sie?

1

2

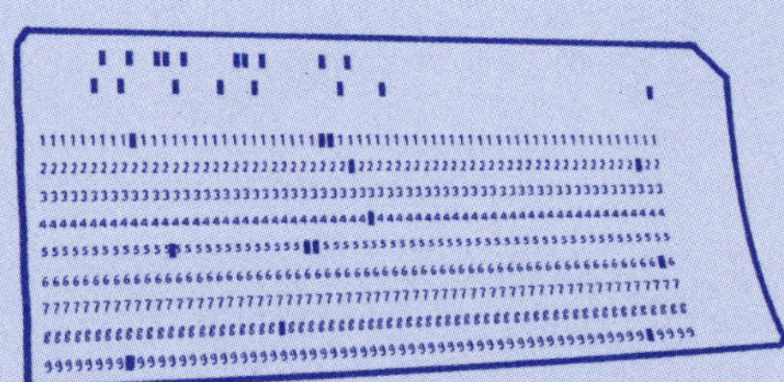

3

4

Lösung: 1 CD-Rom – 2 Diskette – 3 Lochkarte – 4 Diskette 5 Inch

Computerbuchstaben

Wenn man auf der Tastatur vom Computer oder auf dem Smartphone auf einen Buchstaben drückt, taucht er auf dem Bildschirm auf. Das ist ganz selbstverständlich. Aber wie funktioniert das eigentlich?

Computer kennen ausschließlich **Zahlen**. Wenn man einen Buchstaben drückt, macht der Computer daraus eine Zahl. Hier siehst du die Zahlen für das Wort *Hallo*!

h	a	l	l	o	!
104	**97**	**108**	**108**	**111**	**33**

Der Computer arbeitet mit Bits: mit Einsen und Nullen. Das nennen wir binär. Die Zahl des Buchstabens H, 104, ist im binären System 01101000. Die Zahl besteht aus acht Einsen und Nullen, oder anders gesagt: aus acht Bits.

Der Computer sucht danach aus einer Liste heraus, zu welchem Bild die Zahl gehört, und lässt dieses Bild dann auf deinem Bildschirm erscheinen. Er verwendet für jeden Buchstaben in jeder Schriftart ein eigenes Bild. Ein solches Bild besteht aus sehr vielen Punkten, die **Pixel** genannt werden.

Alte Computer hatten weniger Pixel. Deshalb sahen die Buchstaben viel eckiger aus.

Dank dieses Systems kann man am Computer auch ganz einfach **das Alphabet ändern**, ohne dass man dafür extra eine andere Tastatur benötigt. Die Tasten bleiben gleich, aber man sendet andere Zahlen an den Computer, der dazu dann ein anderes Bild aussucht. Stell deine Tastatur mal auf Französisch ein. Wenn du das Y drückst, erscheint ein W!

Komische Kästchen

Manchmal sieht man anstelle eines Buchstabens ein

Caf� ODER □a va?

Wieso ist das so? Der Computer zeigt die Buchstaben in einer bestimmten Schriftart an. Aber manchmal hat die Schriftart für die ausgewählte Zahl keinen Buchstaben. Das passiert oft bei Buchstaben aus anderen Alphabeten. Und dann erscheint stattdessen sowas.

QWERTY (und QWERTZ)

Musst du beim Tippen auf der Tastatur auch manchmal nach dem richtigen Buchstaben suchen? Das ist kein Wunder, denn die Buchstaben wurden in einer merkwürdigen Reihenfolge angebracht. Das A befindet sich links, das B hängt mittig unten, und links davon findet man das C, schräg darüber das D. Warum stehen die Buchstaben nicht einfach in der richtigen Reihenfolge: A B C D E F G und so weiter? Dafür gibt es doch extra das Alphabet. Warum herrscht auf der Tastatur so ein Chaos? Daran ist **Christopher Sholes** Schuld.

CHRISTOPHER SHOLES
1819-1890

Schreibmaschinen und Gewehre

Christopher Latham Sholes lebte im neunzehnten Jahrhundert in den Vereinigten Staaten. Er war Erfinder und arbeitete nebenbei bei der Zeitung. Dort hatte er die Idee für eine einfache Maschine zum Tippen von Buchstaben: die **Schreibmaschine**. Sie war ein mechanisches Gerät: Wenn man die Tasten drückte, bewegte sich ein Hämmerchen, und am Ende des Hämmerchens befand sich die Form eines Buchstabens, wie bei einem Stempel. Der Buchstabe hämmerte dann gegen ein Farbband, und das erzeugte einen Abdruck des Buchstabens auf dem Papier.
Das erste Modell, das er baute, ähnelte einem Klavier mit weißen und schwarzen Tasten. Die Buchstaben des Alphabets waren ordentlich aufgereiht. Doch sobald jemand versuchte, schnell damit zu tippen, ging das Gerät kaputt, weil sich die hin und her bewegenden Hämmerchen in die Quere kamen und sich verhedderten.

Literary Piano (1868)

Sholes löste das Problem folgendermaßen: Er schüttelte die Buchstaben so durcheinander, dass die **vielbenutzten Buchstaben** nicht mehr in der Nähe der anderen vielbenutzten Buchstaben waren. So verhedderten sich die Hämmerchen beim Tippen weniger schnell. Die **QWERTY-Tastatur** war geboren.

Sholes verkaufte seine Idee an die Firma Remington, die bereits viele andere mechanische Geräte herstellte, wie Nähmaschinen, Gewehre und Pistolen. Die Remington-Schreibmaschine wurde ein großer Erfolg, und die QWERTY-Tastatur wurde die **Standardbelegung**. Schreibmaschinen benutzen wir schon länger nicht mehr, die QWERTY-Belegung aber immer noch.

Remington-Schreibmaschine (1874)

Computertastaturen

Hast du dir schon mal einen Computer von innen angesehen? Ich kann dir verraten, dass da gar nicht so viel drin steckt. Eine Platine und ein Haufen Kabel, und das wars eigentlich schon. Auf jeden Fall wirst du keine mechanischen Hämmerchen finden, die Buchstaben auf ein Farbband drucken, und sich verheddern könnten, wenn du schnell tippst. Dabei war doch genau das der Grund dafür, QWERTY zu verwenden! Warum wird diese komische Einteilung dann immer noch verwendet? Weil wir Menschen Gewohnheitstiere sind. Im Laufe der Zeit wurden Alternativen zu **QWERTY** entwickelt, zum Beispiel **DVORAK** und **COLEMAK**. Angeblich kann man damit schneller tippen, weil die Tasten effizienter belegt wurden. Aber wenn man sich erstmal an etwas gewöhnt hat, will man sich nur ungern umgewöhnen müssen. Deshalb hat QWERTY gewonnen. Eine ABCDEFG-Tastatur wird es also nicht geben.

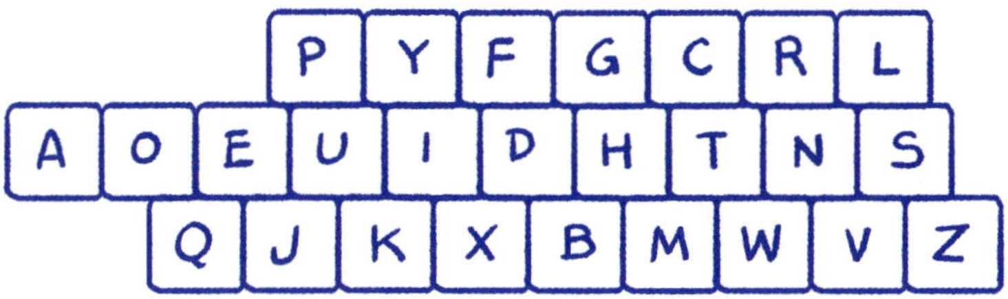

DVORAK-Tastenbelegung

COLEMAK-Tastenbelegung

QWERTZ und AZERTY

Im deutschsprachigen Raum wird nicht die QWERTY-Tastenbelegung genutzt, sondern **QWERTZ**. Und das gilt auch für andere Länder. Neben QWERTZ ist auch **AZERTY** verbreitet. Das sind beides Abwandlungen der QWERTY-Tastenbelegung. Meistens gibt es dafür einen guten Grund. In der deutschen Sprache kommen die Buchstaben T und Z oft nacheinander vor. Auf einer QWERTY-Tastatur muss man sie dann beide mit der linken Hand tippen, was nicht sehr praktisch ist. Wenn man sie nebeneinander platziert, kann man das T mit der linken und das Z mit der rechten Hand tippen. Und das geht viel schneller. Deshalb wird im deutschsprachigen Raum QWERTZ verwendet.

In **Frankreich** und **Belgien** wird die AZERTY-Tastatur benutzt. Aber warum AZERTY? Das weiß man nicht so genau. Vielleicht gab es dafür einen guten Grund. Weil das A oben platziert wurde, befinden sich alle Vokale in der obersten Reihe. Aber vielleicht gab es auch keinen guten Grund. Vielleicht wollten die Franzosen es einfach anders machen. Genau, wie sie von der UE sprechen, und nicht von der EU. Und vom Talkiewalkie, statt vom Walkie-Talkie.

ЙЦУКЕН

Länder mit anderen Alphabeten verwenden natürlich kein QWERTY. Kinder in Russland, wo die kyrillische Schrift verwendet wird, benutzen zum Beispiel die **ЙЦУКЕН-Tastatur**. Das ist kein QWERTY auf Russisch, und ganz bestimmt auch nicht der Anfang des russischen Alphabets (das fängt nämlich mit **А Б В Г Д** an). Wo **ЙЦУКЕН** herkommt, weiß man nicht genau, aber vielleicht hatte das auch mit sich verheddernden Hämmerchen zu tun ...

Und wie sieht das in China und Japan aus? Die benutzen natürlich auch kein QWERTY. Oder? Aber was dann? Im Chinesischen gibt es tausende von Schriftzeichen, wie soll das funktionieren?

Die chinesische Tastatur

Eine Tastatur für Chinesisch müsste eigentlich tausende Tasten haben, für jedes Schriftzeichen eine. Und das geht natürlich nicht. Oder?

Doch! Schau dir mal diese alte chinesische Schreibmaschine an:
Okay, wirklich tippen kann man mit so einer Maschine nicht. Man hat

den Knauf hin- und herbewegt, um ein Schriftzeichen auszuwählen, das danach auf das Papier gedruckt wurde. So eine Schreibmaschine hatte rund 2500 **Schriftzeichen**, manchmal musste man also eine Weile suchen. Man kann sich vorstellen, dass das Tippen hiermit auch mal länger dauern konnte. Es musste also eine bessere Lösung gefunden werden. Aber wie? Im Laufe der Zeit gab es die eine oder andere gute Idee.

Wubi

Mit Wubi **zeichnet** man Schriftzeichen sozusagen auf der Tastatur. Du hast in diesem Buch bereits erfahren, dass chinesische Schriftzeichen aus kleineren Teilen bestehen, die wir *Radikale* nennen. Das Wubi arbeitet mehr oder weniger mit diesem Konzept. Jede Taste umfasst ein paar **einfache Linien oder Formen**, wie zum Beispiel:

日 人 三 月 金 口 禾 土

Wenn man diese Formen kombiniert, kann man ein komplexeres Schriftzeichen „zeichnen“:

日 + 月 = 明

人 + 人 + 土 = 坐

金 + 金 + 金 = 鑫

Bopomofo

Die Methode mit dem schönsten Namen ist *Bopomofo* (sie heißt aber auch *Zhuyin*). Bopomofo funktioniert wie unser Alphabet: Für jeden Laut gibt es einen eigenen Buchstaben. Insgesamt gibt es 37 Buchstaben:

ㄅ	ㄆ	ㄇ	ㄈ	ㄉ	ㄊ	ㄋ	ㄌ	ㄍ	ㄎ
b	p	m	f	d	t	n	l	g	k
ㄏ	ㄐ	ㄑ	ㄒ	ㄓ	ㄔ	ㄕ	ㄖ	ㄗ	ㄘ
h	j	q	x	zh	ch	sh	r	z	c
ㄙ	ㄚ	ㄛ	ㄜ	ㄝ	ㄞ	ㄟ	ㄠ	ㄡ	ㄢ
s	a	o	e	ê	ai	ei	ao	ou	an
ㄣ	ㄤ	ㄥ	ㄦ	ㄧ	ㄨ	ㄩ			
en	ang	eng	er	i	u	ü			

Nǐ hǎo (Hallo) schreibt man auf Chinesisch 你好*, und mit Bopomofo so:*

ㄋㄧˇ ㄏㄠˇ

Dieses Zeichen gibt den Ton wieder.

Bei Bopomofo weiß man direkt, wie ein Wort ausgesprochen wird. Deshalb wird es oft zum Lesenlernen verwendet. Die Bopomofo-Buchstaben stehen dann klein abgebildet neben den Schriftzeichen.

猫 ㄇㄠ

MĀO

大 ㄉㄚ 象 ㄒㄧㄤ

DÀ XIÀNG

Pinyin

Neben dem Bopomofo-Alphabet verwenden viele Chinesen auch das **lateinische Alphabet** zum Tippen der Schriftzeichen. Dieses Alphabet heißt Pinyin. *Nǐ hǎo* schreibt man dann … *nǐ hǎo*. Das praktische an Pinyin ist, dass man dafür eine **westliche QWERTY-Tastatur** verwenden kann!

Und so funktioniert das: Stell dir vor, du wolltest ein Wort wie *ich* (我) mit deinem Handy tippen. Ich spricht man im Chinesischen „wo“ aus. Deshalb tippst du *wo* ein und dein Handycomputer zeigt dir eine Liste mit den richtigen Schriftzeichen für *wo* an:

我 硪 卧 握 沃 窝 哦 斡

Aus dieser Liste wählst du dann das richtige Schriftzeichen und Ta-da: 我

Einfach, oder? In der Tat. Aber man muss natürlich die richtigen Schriftzeichen kennen. Wüsstest du etwa, welches du aus der Liste hättest wählen müssen? *Wo* kann auf Chinesisch viele verschiedene Bedeutungen haben. Im Deutschen gibt es das auch, zum Beispiel bei dem Wort *Bank* („Sitzgelegenheit“ und „Geldinstitut“) oder bei dem Wort *Schloss* („Burg“ oder „Türschloss“). Aber im Chinesischen kommt das viel häufiger vor und jede Bedeutung hat ein eigenes Schriftzeichen:

我	卧	窝
‘WO’ ICH	‘WO’ LÜGEN	‘WO’ NEST

Buchstaben entwerfen (typografie)

Schau dir den nachstehenden Satz mal ganz genau an:

Bei jedem klugen Wort von Sokrates rief Xanthippe zynisch: Quatsch

Und den Satz danach:

Bei jedem klugen Wort von Sokrates rief Xanthippe zynisch:
Quatsch

Die Sätze sind gleich, aber sie wurden in unterschiedlichen **Schriftarten** getippt. Der erste Satz in der Schriftart **Times New Roman** und der zweite in **Palatino**. Sie unterscheiden sich nicht besonders stark, man muss wirklich genau hinsehen, um Unterschiede zu erkennen. Das ist einfacher, wenn man die Buchstaben vergrößert:

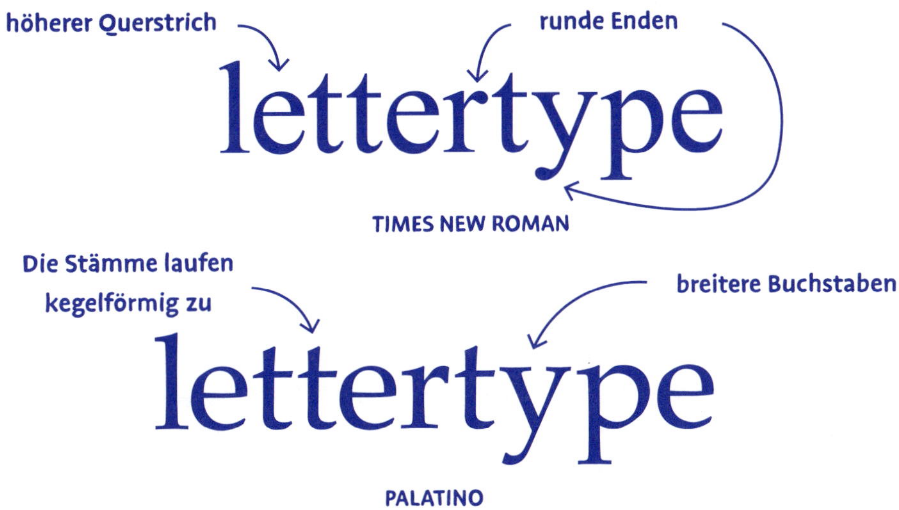

Man erkennt die Unterschiede zwischen den Schriftarten noch besser, wenn man einen ganzen Absatz vergleicht:

Alice hatte gar keine Lust mehr, neben ihrer Schwester am Ufer zu sitzen und nichts zu tun zu haben. Alice hatte gar keine Lust mehr, neben ihrer Schwester am Ufer zu sitzen und nichts zu tun zu haben. Alice hatte gar keine Lust mehr, neben ihrer Schwester am Ufer zu sitzen und nichts zu tun zu haben. Alice hatte gar keine Lust mehr, neben ihrer Schwester am Ufer zu sitzen und nichts zu tun zu haben. Alice hatte gar keine Lust mehr, neben ihrer Schwester am Ufer zu sitzen und nichts zu tun zu haben. Alice hatte gar keine Lust mehr, neben ihrer Schwester am Ufer zu sitzen und nichts zu tun zu haben.

TIMES NEW ROMAN

Alice hatte gar keine Lust mehr, neben ihrer Schwester am Ufer zu sitzen und nichts zu tun zu haben. Alice hatte gar keine Lust mehr, neben ihrer Schwester am Ufer zu sitzen und nichts zu tun zu haben. Alice hatte gar keine Lust mehr, neben ihrer Schwester am Ufer zu sitzen und nichts zu tun zu haben. Alice hatte gar keine Lust mehr, neben ihrer Schwester am Ufer zu sitzen und nichts zu tun zu haben. Alice hatte gar keine Lust mehr, neben ihrer Schwester am Ufer zu sitzen und nichts zu tun zu haben. Alice hatte gar keine Lust mehr, neben ihrer Schwester am Ufer zu sitzen und nichts zu tun zu haben.

PALATINO

Beide Texte haben die gleiche Schriftgröße und den gleichen Zeilenabstand. Aber trotzdem wirkt Times New Roman auf der linken Seite kleiner als Palatino auf der rechten Seite. Palatino ist etwas runder und offener als das ernste Times New Roman. Feine Unterschiede in der Buchstabenform können also ein ganz anderes Textbild erzeugen. Mit dem Entwerfen von Buchstaben beschäftigen sich **Typografen**.

Beim Entwerfen denken Typografen über alle Bestandteile eines Buchstabens nach: die Höhe, die Breite, die Höhe der Stämme und der Unterlängen, die Breite der Linien und so weiter. All diese Bestandteile sorgen für die **Ausstrahlung** des Buchstabens:

Warum gibt es so viele Schriftarten?

Schriftarten sind ein bisschen wie **Kleidung**: plötzlich sind sie angesagt, und dann sind sie wieder total altmodisch. Aber die Buchstabenentwerfer treffen ihre Entscheidung sehr bewusst. Buchstaben verwendet man für unterschiedliche Zwecke, und diese Zwecke entscheiden darüber, wie ein Buchstabe aussehen muss. Für ein ernstes Buch für Erwachsene wird zum Beispiel eine andere Schriftart benötigt als für einen Comic. Und für eine Zeitung sucht man wieder etwas anderes. **Times New Roman** wurde in den 30er Jahren des zwanzigsten Jahrhunderts extra für die britische Zeitung *The Times* erfunden. Der Erfinder, Stanley Morison, sollte Buchstaben erfinden, die eng nebeneinander stehen konnten, damit mehr Text in die Zeitung passte.

Serifen

Im Internet findet man viele Schriftarten, die ganz anders aussehen, als die Schriftarten in Büchern und Zeitungen. Die sehen eher so aus:

Bei jedem klugen Wort von Sokrates rief Xanthippe zynisch: Quatsch!

Das ist Helvetica. Diese Schriftart wurde 1957 vom Schweizer Max Miedinger entworfen. Es ist eine der bekanntesten Schriftarten, die jemals erfunden wurde. Man findet sie überall, zum Beispiel in den Logos von Nestlé, Skype, Toyota, der Lufthansa und Jeep. In einer längeren Textpassage werden die Unterschiede zu Times New Roman deutlicher:

Alice hatte gar keine Lust mehr, neben ihrer Schwester am Ufer zu sitzen und nichts zu tun zu haben. Alice hatte gar keine Lust mehr, neben ihrer Schwester am Ufer zu sitzen und nichts zu tun zu haben. Alice hatte gar keine Lust mehr, neben ihrer Schwester am Ufer zu sitzen und nichts zu tun zu haben. Alice hatte gar keine Lust mehr, neben ihrer Schwester am Ufer zu sitzen und nichts zu tun zu haben. Alice hatte gar keine Lust mehr, neben ihrer Schwester am Ufer zu sitzen und nichts zu tun zu haben.

TIMES NEW ROMAN

Alice hatte gar keine Lust mehr, neben ihrer Schwester am Ufer zu sitzen und nichts zu tun zu haben. Alice hatte gar keine Lust mehr, neben ihrer Schwester am Ufer zu sitzen und nichts zu tun zu haben. Alice hatte gar keine Lust mehr, neben ihrer Schwester am Ufer zu sitzen und nichts zu tun zu haben. Alice hatte gar keine Lust mehr, neben ihrer Schwester am Ufer zu sitzen und nichts zu tun zu haben. Alice hatte gar keine Lust mehr, neben ihrer Schwester am Ufer zu sitzen und nichts zu tun zu haben.

HELVETICA

Das wichtigste Merkmal von Helvetica ist, dass es eine **serifenlose** Schrift ist. Serifen sind die kleinen **horizontalen Linien** am Ende von Buchstaben, die Endstriche. Im Internet findet man hauptsächlich serifenlose Buchstaben, weil der Bildschirm aus kleinen Punkten (Pixeln) besteht, wodurch das Bild weniger scharf ist, als auf Papier. Kleine Striche, wie die Serifen, werden dann nicht deutlich dargestellt.

Serifenlose Buchstaben gibt es noch nicht so lange. Nahezu alle Schriftarten, die vor 1900 erfunden wurden, haben Serifen: schon die Römer verwendeten die für ihre Buchstaben.

Eigene Buchstaben erfinden

Und so sind wir am Ende unserer Reise angelangt. Es war eine lange Reise, von der Keilschrift bis zum Computer, vom Morse-Alphabet zur Brailleschrift, über alle Kontinente, auf denen wir sehr viele Alphabete kennengelernt haben. Jetzt bist du an der Reihe! Buchstaben kann man nämlich auch **selbst erfinden**: Es macht Spaß und ist gar nicht so schwierig! Überleg dir, ob deine Schrift Serifen haben soll oder nicht, ob es ernste oder lustige Buchstaben sein sollen, und ob die Buchstaben lange oder kurze Stämme haben werden. Und vergiss die Großbuchstaben nicht. Fällt dir noch nichts ein? Blättere zur Inspiration einfach nochmal zurück oder durchstöbere das Internet.

Ist dein eigenes Alphabet schon fertig? Im Internet gibt es Programme, mit denen man die selbstgemachten Buchstaben in eine Schriftart umwandeln kann, die man dann wirklich benutzen kann. Viel Spaß!

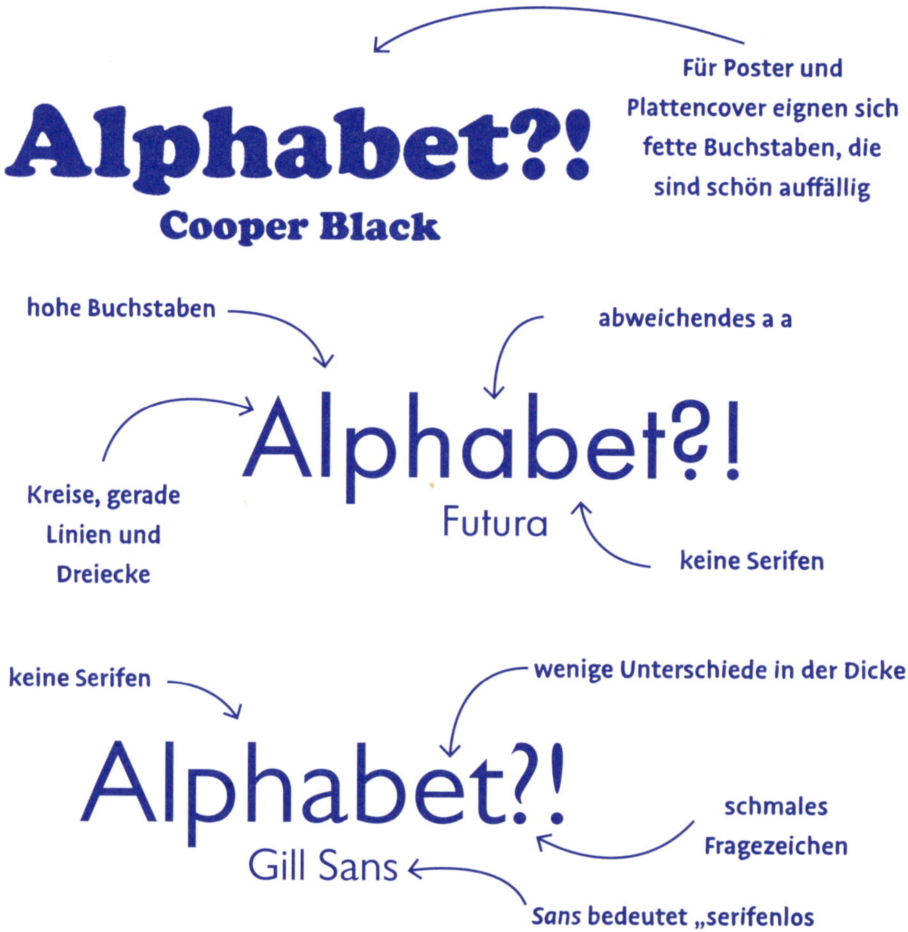

gerade, dicke Serifen
für Reklame und Überschriften geeignet
Alphabet?!
Rockwell
dicke Buchstaben
große Unterschiede in der Dicke
hohe Querstreifen
Alphabet?!
Baskerville
Serifen
erste Druckbuchstaben in Europa
Alphabet?!
von Johannes Gutenberg verwendet

Glossar

A4
Das bekannteste Papierformat, 210 x 297 Millimeter. Ein DIN A3 ist doppelt so groß wie ein DIN A4.

Aleph
Der erste Buchstabe des phönizischen Alphabets, in der Form eines Stierkopfes.

Alphabet
Eine festgelegte Menge von Buchstaben, die bestimmte Laute wiedergeben

Bopomofo
Ein Alphabet für die chinesische Sprache, bei dem es für jeden Laut einen Buchstaben gibt. Es wird auch Zhuyin genannt.

Braille
Eine Schrift für blinde und sehbehinderte Menschen, bei der jeder Buchstabe aus einer Anzahl ertastbarer Hubbel besteht. Sie wurde von Louis Braille erfunden.

Buchdruckkunst
Eine Methode zum schnellen Drucken von Büchern. Stempelähnlich werden die Buchstaben mit einer Druckpresse auf das Papier gedruckt.

Bustrophedon
Abwechselnd von links nach rechts und wieder von rechts nach links schreiben.

Demotisch
Eine alte ägyptische Schrift, der Nachfolger der hieratischen

Schrift. Die demotische Schrift ist eine der Schriften auf dem Stein von Rosette.

Druckschrift
Eine Schrift, bei der die Buchstaben getrennt voneinander geschrieben werden.

Emoji
Bilder, die man einer digitalen Nachricht hinzufügen kann. Man kann damit ausdrücken, wie etwas gemeint ist. Und sie sind witzig.

Fingeralphabet
Ein Alphabet, bei dem man mit den Fingern die Buchstaben formt.

Germanisch
Die Sprachfamilie, zu der Deutsch, Niederländisch, Friesisch, Englisch und die skandinavischen Sprachen gehören.

Gotische Schriften
Eckige (und oft unleserliche) mittelalterliche Schriften, die damals oft in handgeschriebenen Büchern verwendet wurden.

Griffel
Ein Stift aus weichem Stein, mit dem man auf Schiefer schreiben konnte. Das lateinische Wort lautet Stilus.

Handlettering
Schöne, elegante Buchstaben zeichnen.

Handschriftenkunde
Die Handschrift von jemandem beurteilen und daraus Schlüsse über die Persönlichkeit der Person ziehen. Das nennt man auch Grafologie.

Hangul
Die koreanische Schrift. Das Hangul ist eine der wenigen Schriften, die jemand erfunden hat.

Hieratische Schrift
Eine etwas einfachere Version der Hieroglyphen, die die Ägypter verwendeten, wenn sie auf Papyrus schrieben.

Hieroglyphen
Die Schrift der alten Ägypter.

Hiragana
Eine der drei Schriften der japanischen Sprache. Die Hiragana sind eine Silbenschrift.

Indoeuropäisch
Die große Sprachfamilie, zu der die meisten europäischen, aber auch einige asiatische Sprachen gehören.

IPA
Das Internationale Phonetische Alphabet, ein Alphabet, mit dem man alle Laute aller Sprachen beschreiben kann.

ˈaʁmbantˌʔuːɐ̯

Kalligrafie
Ein anderes Wort für Schönschreiben.

Kanji
Eine der drei Schriften der japanischen Sprache. Die Kanji-Schriftzeichen stammen aus dem Chinesischen.

Karolingisch
Eine frühmittelalterliche Schrift, die der Vorgänger unserer Kleinbuchstaben ist. Sie wurde nach Karl dem Großen benannt.

Katakana
Eine der drei Schriften der japanischen Sprache. Katakana

sind eine Silbenschrift, die vor allem für nicht-japanische Wörter verwendet wird.

フランク

Keilschrift

Eine der ältesten Schriften der Welt, von den Sumerern in Mesopotamien erfunden.

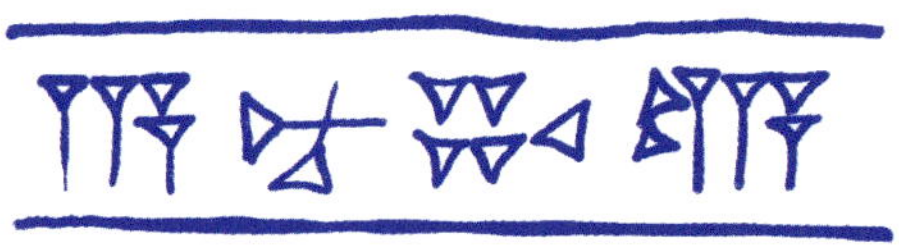

Klingonisch

Die Sprache der Klingonen aus der TV-Serie Star Trek. Das Alphabet der Klingonen heißt pIqaD.

Kunstsprache

Eine Sprache, die nicht von selbst entstanden ist, sondern von jemandem erfunden wurde.

Kyrillisch

Das Alphabet, das für Russisch und viele osteuropäische Sprachen wie Bulgarisch und Ukrainisch verwendet wird.

Lehnwort

Ein Wort, das aus einer anderen Sprache kommt, wie *Computer* oder *Chauffeur*.

Morsecode

Ein Alphabet, in dem jeder Buchstabe aus einer Abfolge von Punkten und Strichen besteht. Es wurde von Samuel Morse erfunden.

Ogham

Ein altes Alphabet aus Irland, das aus horizontalen Strichen besteht.

Papyrus

Material, auf dem die alten Ägypter geschrieben haben. Papyrusblätter bestehen aus Schilfstreifen, die zusammengeklebt wurden.

Pergament

Material, auf das im Mittelalter geschrieben wurde. Es besteht aus Tierhäuten.

Phönizisches Alphabet

Eines der ältesten Alphabete der Welt und der Vorläufer unseres heutigen Alphabets und des griechischen, kyrillischen, arabischen und hebräischen Alphabets.

Phonetisch

Wenn man phonetisch schreibt, schreibt man die Worte so, wie man sie spricht, zum Beispiel *Kommpjuta*.

Piktogramm

Ein einfaches Bild, das man anstelle von Text verwenden kann.

Pinyin

Mit dem lateinischen Alphabet chinesisch schreiben, wie bei *nǐ hǎo*.

QWERTY

Der Name der am häufigsten verwendeten Tastenbelegung bei Tastaturen. Er steht für die ersten sechs Buchstaben der obersten Tastenreihe. AZERTY und QWERTZ sind Varianten von QWERTY.

Runen

Eine alte, germanische Schrift, die

aus geraden und schrägen Strichen besteht.

Satzzeichen
Ein Zeichen wie ein Punkt oder ein Komma, durch das der Text leserlicher wird.

Schibboleth
Ein Wort oder ein Satz, das oder der schwierig auszusprechen ist, wenn man die Sprache nicht perfekt spricht.

Schnellschrift
Eine Schrift, die eigens dafür erfunden wurde, um schnell schreiben zu können. Ein anderes Wort für Schnellschrift ist *Stenografie*.

Schreibmaschine
Ein Gerät, mit dem man Buchstaben über Tasten auf Papier übertragen konnte.

Schreibschrift
Eine Schrift, bei der die Buchstaben zusammengeschrieben werden.

Schrift
Ein System zum Schreiben gesprochener Sprache.

Schriftzeichen
Grafische Zeichen, die eine Schrift darstellen. Im Chinesischen und Japanischen werden Schriftzeichen verwendet.

Semaphor
Eine Methode, um über große Entfernungen hinweg zu kommunizieren. Dabei werden Buchstaben mit einer Konstruktion (meistens aus Holz) auf einem Turm geformt. Man kann die Buchstaben auch mit zwei Flaggen bilden.

Serifen

Die kleinen Querstriche an den Enden von Buchstaben.

X

Silbenschrift

Eine Schrift, bei der jeder Buchstabe nicht für einen Laut, sondern für eine ganze Silbe steht. Die japanischen Schriften Hiragana und Katakana und das Cherokee sind Silbenschriften.

Stein von Rosette

Ein großer Stein aus dem alten Ägypten auf dem der gleiche Text in Hieroglyphen, in demotischer Schrift und auf Griechisch steht. Der Stein spielte beim Entziffern der Hieroglyphen eine wichtige Rolle.

Tengwar

Ein Alphabet, das sich J.R.R. Tolkien, der Autor von *Der Herr der Ringe*, ausgedacht hat.

Typografie

Buchstaben und Texte schön gestalten.

Wachstafel

Eine Tafel, die mit Bienenwachs beschichtet ist. Mit einem Stift konnte man darauf schreiben.

Wubi

Eine Methode zum Tippen chinesischer Schriftzeichen. Sie werden zusammengestellt, indem mehrere einfachere Schriftzeichen kombiniert werden.

Quellen

Die Informationen über Buchstaben stammen aus den unterschiedlichsten Quellen. Natürlich aus dem Internet, wie zum Beispiel von wikipedia.org, wiktionary.org, omniglot.com, waij.com/shorthand und stenoweb.de (über Steno) und von vielen Websites über all die verschiedenen Sprachen. Aber auch aus den vielen Büchern über Sprache und über die Entstehung des Alphabets und der Schriftsysteme auf der Welt, wie *Writing Systems* von Geoffrey Sampson, *Language, Literacy and Technology* von Richard Kern, *Universele fonologie* von Anneke Neijt, *Geschiedenies van het Nederlands* von Marijke van der Wal, dem *Atlas van de Nederlandse Taal* von Mathilde Jansen, Nicoline van der Sijs, Fieke Van der Gucht und Johan De Caluwe, und der *Geschichte der deutschen Sprache* von Wilhelm Schmidt. Die schönen Initialen an den Kapitelanfängen und anderen Stellen im Buch stammen von der Webseite *impressedbyplantin.be* vom Museum Plantin-Moretus in Antwerpen. Schau dir die Seite mal an: Dort gibt es tausende wunderschöne, eingescannte Holzschnitte aus alten Büchern.

Originaltitel: Het dikke alfabetboek. Over spijkerschrift, morsecode en katakana, emoji nog veel meer. Übersetzt aus der Niederländischen Sprache
www.lannoo.com

Umschlaggestaltung: Nele Schütz Design, München
unter Verwendung von Illustrationen von Frank Landsbergen
Text und Illustrationen: Frank Landsbergen
Übersetzung: Lisa Mensing, Münster
Druck: UAB BALTO print
Printed in Lithuania

ISBN 978-3-96269-128-8

www.impian.de